浙江省社科规划项目(22NDQN227YB)、浙江理工大学科研启动基金项目
(19092475-Y)结题成果

纺织产业环境政策对
企业生态创新的影响机理研究

管理
MANAGEMENT

许辰可 著

Studies on Influential Mechanism of
Environmental Policy for Eco-Innovation in Textile Industry

上海交通大学出版社
SHANGHAI JIAO TONG UNIVERSITY PRESS

内容提要

中国"双碳"目标下的纺织产业,正在进行低碳转型。本书聚焦纺织产业绿色发展,着力探讨环境政策驱动下纺织企业生态创新的可持续发展路径。沿着"环境政策——企业生态创新行为——企业绩效"的路线,本书系统分析了我国中央政府层面颁布的纺织产业环境政策以及废旧纺织品政策,剖析了纺织企业生态创新维度结构与作用效果,进一步阐释了环境政策对纺织企业生态创新与绩效的影响,这对完善纺织产业生态创新理论,推进产业绿色升级具有一定意义。

图书在版编目(CIP)数据

纺织产业环境政策对企业生态创新的影响机理研究 /
许辰可著. — 上海:上海交通大学出版社,2022.7
ISBN 978 - 7 - 313 - 27060 - 3

Ⅰ.①纺… Ⅱ.①许… Ⅲ.①纺织工业-环境政策-
影响-企业创新-研究-中国 Ⅳ.①F426.81

中国版本图书馆 CIP 数据核字(2022)第 123285 号

纺织产业环境政策对企业生态创新的影响机理研究
FANGZHI CHANYE HUANJING ZHENGCE DUI QIYE SHENGTAI CHUANGXIN DE YINGXIANG
JILI YANJIU

著   者:许辰可

出版发行:上海交通大学出版社　　　　　地　　址:上海市番禺路 951 号
邮政编码:200030　　　　　　　　　　　电　　话:021 - 64071208
印   刷:江苏凤凰数码印务有限公司　　　经　　销:全国新华书店
开   本:710mm×1000mm　1/16　　　　印　　张:13.25
字   数:195 千字
版   次:2022 年 7 月第 1 版　　　　　　印　　次:2022 年 7 月第 1 次印刷
书   号:ISBN 978 - 7 - 313 - 27060 - 3
定   价:69.00 元

前　言

　　中国是世界上最大的纺织品出口国,纺织产业是国民经济的传统支柱产业和重要民生产业,它始终面临着能源与环境制约、能源消耗较大与污染控制较难等问题。促进纺织企业生态创新,对推动纺织产业可持续发展转型具有重要意义。改革开放后,尤其是近十年来,中央政府对纺织产业的监管在不断加强。基于"碳达峰、碳中和"愿景,我国纺织产业链正在进行绿色低碳转型。全面分析纺织产业相关的环境政策和政策工具组合,对促进纺织企业生态创新至关重要。

　　环境政策能否诱发绿色创新,这是国内外学者研究的热点论题,而政策对企业绿色创新的影响机理较为复杂。差异化政策工具产生不同的作用效果,因产业环境而异而在国内外纺织产业背景下,分析环境政策与企业生态创新的相关研究仍然较为有限。本书聚焦纺织产业绿色发展,着力探讨环境政策驱动下纺织企业生态创新的可持续发展路径。在降污减碳背景下发展生态创新相关理论,可以为纺织产业环境政策聚焦与优化提供借鉴,也有助于纺织企业理解差异化环境政策实质,实现生态创新的关键目标。

　　本书沿着"环境政策——企业生态创新行为——企业绩效"的逻辑路线,整体研究的思路是:①运用内容分析法构建纺织产业环境政策维度,从宏观层面深入探究我国政府颁布实施的纺织产业相关环境政策,评估我国纺织产业环境政策体系,结合政策工具与我国纺织产业特征提出相关政策建议。②通过扎根理论方法分析纺织企业深度访谈数据,构建纺织企业生态创新的测量量表,探索我国纺织企业生态创新维度,补充和丰富我国纺织企业的生态创新理论。③对纺织企业进行实证调研,运用结构方程建模、多元回归分析等统计方法,检验研究中的假设,探索在纺织产业背景下,不同环境政策工具对企业生态创新与绩效的影响,为政府与纺织企业推进生态创新的管理与实践提供借鉴。

本书共分九章。

第一章为导论,阐述研究背景与理论基础,提出研究问题、研究目的与研究意义与主要创新点。

第二章讨论生态创新与环境政策,对生态创新、环境政策、生态创新的绩效及其作用关系进行文献梳理与研究。

第三章基于内容分析法研究纺织产业环境政策。深入分析纺织产业环境政策演进过程、主体的协同度、政策目标与环境政策工具,在此基础上阐述纺织产业环境政策特征并提出政策建议。

第四章基于内容分析法研究废旧纺织品政策。探讨废旧纺织品政策的强度与演进特征,深入分析废物等级视域下的废旧纺织品政策,以及废旧纺织品政策工具,并提出政策建议。

第五章基于扎根理论探讨纺织企业生态创新维度与作用效果。建立纺织企业生态创新维度结构与作用效果的理论框架。

第六章为假设提出与理论框架构建。分析纺织产业三类环境政策工具对企业生态创新的作用,以及环境政策对企业经济绩效的影响,提出假设,构建理论框架。

第七章是问卷设计与小样本前测。阐述初始问卷的设计过程以及问卷基本内容。通过小样本试测得出检测结果,对问卷进行针对性修改,获得大样本正式调研的问卷。

第八章为纺织企业环境政策对企业生态创新影响模型提供实证研究。对大样本进行正式调研,检验"纺织产业环境政策——纺织企业生态创新——纺织企业经济绩效"之间的作用模型,并对模型进行修正与评估。

第九章是研究结论与展望。对研究结论、理论贡献、实践意义进行总结,并指出本研究存在的不足,提出未来研究的期待。

　　本书聚焦纺织产业，对纺织产业环境政策、企业生态创新与绩效的影响机理展开理论探索与实证分析，系统分析了纺织产业环境政策以及废旧纺织品政策，为后续研究提供基础，这有利于推进我国纺织产业环境政策优化。研究得出纺织企业生态创新维度结构与作用效果的理论框架，可以有效地展示纺织企业生态创新行为的层次化与关系化，丰富我国纺织企业的生态创新理论，且在生态创新行为构建细化和全面性方面显示出一定的创新性。本书阐释环境政策对纺织企业生态创新的影响，这对完善纺织产业生态创新理论，推进产业绿色升级具有较强的意义。

许辰可

2021 年 6 月

目　录

第一章

导论:纺织产业生态创新与政府监管

纺织产业是我国国民经济最重要的组成部分之一。作为世界上最大的发展中国家和最大的纺织品出口国,我国同时面临着能源与环境制约,而资源利用效率、能源消耗与污染控制等都是严峻问题。

第一节　纺织产业的环境问题与治理背景

纺织品制造过程中需要大量水、化学品和燃料,纺织产业的能源消耗约占我国制造业总能源消耗量的 4.3%。在能源资源日益稀缺和可持续增长需求的背景下,我国纺织产业面临着相当大的能源限制。

除了生产过程中产生水污染、大气污染与土壤污染以外,在纺织品消费后阶段,对固体废旧纺织品的不合理处置,也会对土壤、大气造成严重的二次污染。在过去的几十年中,服装消费量急剧增加,导致世界上大多数城市的纺织品浪费急剧增加(Bukhari et al.,2018)。纺织品消费后的无效处置对世界各国都是日益严峻的问题。2016 年,我国进入垃圾填埋场的废旧纺织品数量,仅次于美国,远高于欧盟 27 国(Bukhari et al.,2018)。每年这些被填埋的纺织废料造成大量污染和化学毒性危害。因此,加强纺织产业循环发展管理,需要将环境、社会和经济等因素进一步融入政策规划,从而实现绿色发展。

为了解决能源和环境污染问题,政府应该实施有效的环境政策,对纺织产业的生产制造与消费阶段进行监管。政府颁布执行各类政策,包括检查和强制实施,是影响企业决策过程的重要因素之一。20 世纪 60 年代后期以来,环境质量和可持续资源已经成为各国政府普遍关注的问题,政策制定者一直在寻求有助于实现其目标的政策工具。环境政策旨在解决经济活动的负外部性。它通常包括制定政策目标,并设计强制型、经济型与信息型或自愿型的政策工具。政策工具是政府为了实施政策目标而采取的各种措施。从这个角度来说,政府的本质是由其对政策工具的选择和实施构成的。

纺织产业一直是许多环境政策的治理对象,各国针对纺织产业颁布了环境相关的规制与自愿型政策,如综合与污染预防控制指令(The directive for the Integrated and Pollution Prevention and Control-IPPC)。改革开放以来,我国对纺织产业的监管也在不断加强。强制型政策工具被视为我国最有效的政策类型。近年来,中国政府积极推动纺织产业节能减排,颁布了一系列与纺织产业相关的法律与规定,如《印染行业废水污染防治技术政策》,《印染企业环境守法导则》和《中华人民共和国水污染防治法》。"生态文明"进一步推进了环境保护立法。纺织产业被列为 2014 年"生态文明"建设的试点产业之一。

近几年,我国政府逐步加强对纺织品消费后阶段的监管,控制废旧纺织品的污染。废旧纺织品属于比较难以回收利用的固体废弃物,回收过程中面临多重阻力,包括小批量而且分散的来源,纺织品中多样的纤维组成,耗费大量人工的复杂分拣程序,都加大了废旧纺织品的分类和回收难度(Mo et al., 2009; Bukhari, 2018)。此外人们普遍缺少对废旧纺织品的了解,认为废旧纺织品对环境污染小,而且由于其价值较低,个人与企业参与回收的积极性都比较低。如果缺乏技术支持和系统的环境政策支持,很难大规模地对其实施全面有效的管理。因此,需要在政策层面给予支持,尽快建立统一的废旧纺织品收集与处理系统。我国政府正在逐步推进相关政策的颁布与实施:国务院办公厅在 2017 年颁布《禁止洋垃圾入境推进固体废物进口管理制度改革实施方案》; 2017 年 8 月,废旧纺织原料、废塑料等 4 类 24 种固体废物,从《限制进口类可用作原料的固体废物目录》调整列入《禁止进口固体废物目录》; 2018 年年初,住建部印发了《关于加快推进部分重点城市生活垃圾分类工作的通知》。

第二节　纺织产业生态创新与环境政策的理论背景

政府加强对纺织产业环境监管,能刺激企业从产品、生产过程与管理方面进行生态创新。如果没有环境政策支持,不够强大的市场拉力与技术推力很容易降低企业的生态创新动力,因此生态创新需要特别的环境规制支持,发挥政府"制度的推/拉效应"(Rennings,2000)。不同类别的政策工具,其作用效果因环境而异(Kammerer,2009),部分学者提出最好能结合具体产业环境分析政策对生态创新的影响。在我国政府对纺织产业加强环境监管的背景下,部分纺织企业开发了生态产品,进行工艺与设备升级,通过绿色产品开发新市场并提高市场占有率。有些纺织企业则更关注短期利益,无法将生态创新内化为企业发展的需求,在政府的环境政策规制下,由于无法达到环保标准而被迫退出市场。因此,探究纺织产业相关的环境政策如何影响纺织企业生态创新及其绩效,即打开我国纺织企业生态创新的"环境政策——纺织企业生态创新行为——企业绩效"这个"黑匣子",对政策制定与企业实践都有十分重要的意义。

近年来,部分国外学者开始关注环境政策对纺织企业的影响。Butnariu & Avasilcai(2014)研究了环境管理体系的实施对组织的影响程度,以及影响生态管理绩效的因素。少数国外学者对纺织企业生态创新行为进行了系统研究,如Resta & Ciarapica(2014)梳理了纺织企业生态创新实践的不同维度。在已有相关文献中,纺织企业生态创新相关的大样本实证研究寥寥无几。国内学者对环境政策、生态创新都有较多关注,但针对纺织产业环境政策以及纺织企业生态创新的相关研究非常有限,研究纺织产业相关环境政策对纺织企业生态创新的影响更为缺乏。在中央政府加强环境监管的背景下,有部分学者指出,由于政府对清洁生产的宣传力度不够,有些企业仍不了解其实质,忽视了生态实践的关键目标。因此,全面分析纺织产业相关的环境政策,改进政策工具组合,帮助企业有效理解政策内容,并在此基础上加强环境政策的沟通,对企业进行生态创新、推进绿色升级至关重要。这些构成了本书的出发点。

第三节 研究问题与研究意义

一、研究问题的提出

国内外学者对环境政策以及生态创新已有较为全面的研究,这些研究对理解纺织产业环境政策与分析纺织企业生态创新具有指导意义。但不同产业环境特征存在差异,所以不能盲目将相关研究套用于纺织企业生态创新的相关问题中,需要结合产业宏观政策环境与纺织企业特点对生态创新展开研究。纺织产业环境政策与纺织企业生态创新的研究存在着一定不足,主要体现在:第一,我国纺织产业相关环境政策的系统全面分析仍是空白。中央政府颁布了与纺织产业相关的哪些环境政策? 我国政府在对纺织产业的环境监管中主要关注研发、投资、制造与消费中的哪些方面? 主要实施强制型监管还是经济自愿型政策,这些都还尚待深入探究。第二,缺少结合产业特征的纺织企业生态创新行为研究。我国纺织企业在实践中的生态创新情况如何,纺织企业在产品、生产过程与管理方面实施哪些具体的生态创新行为? 这些方面还缺少大样本实证分析。第三,缺少关于纺织产业环境中环境政策对纺织企业生态创新影响的相关研究。不同类型的环境政策对企业生态创新和企业绩效的影响如何,这一点需要结合该产业环境进行具体的深入分析。

综上所述,已有研究中缺少对纺织产业相关宏观环境政策内容的全面分析,对纺织企业生态创新实践的认识也有待加深,因而本书以"环境政策——纺织企业生态创新行为——企业绩效"为研究思路,探求纺织产业环境政策如何影响纺织企业生态创新与企业绩效,具体包含以下四个子问题:

第一,系统地探索和评估我国纺织产业环境政策体系。

第二,探究纺织企业生态创新行为的构成与作用效果。

第三,分析纺织产业环境政策对纺织企业不同生态创新行为的影响,以及纺织企业生态创新对企业绩效的影响作用。

第四,揭示纺织产业环境政策对纺织企业生态创新与企业绩效的影响机理。

基于研究问题,具体从以下三方面展开研究:①在环境政策相关文献研究的基础上,通过内容分析法深入探究我国政府颁布实施的纺织产业相关环境政策,剖析政府在对纺织产业环境监管中的政策注意力,分析纺织产业从研发到消费各环节的政策实施情况与政策实施类型。通过对环境政策内容的深入解读,评估我国纺织产业环境政策体系,结合政策工具与我国纺织产业特征提出政策建议,弥补现有研究的空白。②基于扎根理论分析方法,探索我国纺织企业生态创新的内部维度构成,形成我国纺织企业生态创新维度结构,开发纺织企业生态创新维度的量表，探索我国纺织企业生态创新的内涵。③在对纺织产业环境政策与纺织企业生态创新深入分析的基础上，基于企业感知，剖析相关环境政策对纺织企业生态创新的作用机理，以及二者对企业绩效的影响，揭示"环境政策——纺织企业生态创新行为——企业绩效"之间内在机理，分析在纺织产业环境下，环境政策如何影响企业生态创新并最终影响其绩效。本书的研究内容在一定程度上丰富和补充了生态创新作用机理的相关理论，有助于推进生态创新在纺织产业背景下的研究，为纺织产业环境政策完善提供决策依据，并帮助纺织企业理解纺织产业环境政策。

二、理论意义与实践意义

（一）理论意义

第一，纺织产业有较长的价值链，从研发、投资、生产到消费涉及众多具体行业分支。本书从纺织产业相关的环境政策入手，基于内容分析方法，系统剖析近三十年中央政府对纺织产业整个价值链的监管，结合国内外学者对纺织产业环境政策工具与废旧纺织品政策工具进行的相关研究，构建纺织产业环境政策工具类型与层次，结合环境政策工具和纺织产业价值链建立纺织产业环境政策二维分析框架，对我国纺织产业环境政策进行深入内容分析。对今后纺织产业相关政策研究起到理论借鉴作用，推进基于纺织产业特征实施有效的政策组合，为纺织产业环境政策体系的进一步完善提供理论依据。

第二，通过文献梳理发现，国内外对纺织企业生态创新的维度还没有成熟的量表，因而本研究采用扎根理论方法对纺织企业生态创新维度与作用效果进行深入探究。基于深度访谈的扎根理论方法适用于研究行动者的经验，采用该方法对纺织企业在实践中的生态创新维度与成效进行探索性研究，符合本研究目的。基于企业实践经验，构建了纺织企业生态创新维度理论的结构模型，该模型有效体现了纺织企业生态创新行为的层次化与关系化，弥补了我国纺织企业的生态创新理论研究，进一步丰富了生态创新理论。

第三，构建纺织产业生态创新"环境政策——纺织企业生态创新行为——企业绩效"的影响机理模型，为政府与纺织企业推进生态创新的管理与实践提供理论框架。在分析特定产业的背景下，环境政策对生态创新的影响机理相关研究可以起到一定的借鉴作用。

(二)实践意义

第一,针对纺织产业特征,推进科学合理的环境政策组合,进而充分落实生态创新的理念,为我国生态文明建设与可持续发展提供持续动力。选取、采纳并实施改进或优化的政策工具组合来应对具体条件的变化,对建立合理有效的政策体系起着关键作用。本书对纺织产业环境政策的内容分析涵盖纺织产业价值链,帮助评估当前的政策体系并揭示纺织产业环境政策中存在的问题,有助于推动纺织产业环境治理,推进产业可持续发展。

第二,环境政策需要结合产业特征进行分类制定和引导。若不加区别地分析所有不同产业类型的企业受环境政策的影响,就无法体现环境政策对具体产业内企业绩效的作用。因此,有必要分析纺织企业生态创新对其绩效的影响,以及政府颁布的纺织产业相关环境政策对这种关系的作用。宏观方面对政府制定纺织产业环境政策具有一定参考价值,微观层面能帮助纺织企业理解政府实施的纺织产业相关环境政策。

第三,根据制度理论,企业只有遵守国家的相关法律法规才能正常运转,而企业推进生态创新恰恰就是要不断满足环境法规与标准的要求。深入研究纺织企业生态创新的维度与作用效果,加深对纺织企业生态创新的理解,对我国纺织企业进行生态创新实践起到一定的示范作用,推进产业的绿色循环发展。

第四节　章节安排与主要创新

一、章节安排

本研究围绕研究问题,沿着"环境政策——生态创新行为——绩效"的研究思路安排章节,全书共由九章组成,结构如下。

第一章为导论,分析纺织产业的环境问题与治理的现实背景,以及纺织产业生态创新与环境政策的理论背景,提出研究问题,阐述研究目的与研究的理论意义与实践意义,明确研究对象、研究层次,对具体研究方法与其目的与效果进行说明。最后,介绍本书的章节安排与主要创新点。

第二章为生态创新与环境政策的相关研究,从生态创新的内涵、维度构成与测量,纺织企业生态创新的相关研究,环境政策的内涵与分类,生态创新的绩效测量,环境政策、生态创新与企业绩效的关系研究进行整理归纳。这章是本研究的理论基础。

第三章到第四章,基于内容分析法分别研究了纺织产业环境政策与废旧纺织品政策。阐述基于内容分析方法的研究设计,包括相关政策收集、细化政策文本分析单元、形成分析类别组合、评判与记录以及信度与效度检验。第三章分析纺织产业环境政策演进过程、主体的协同度与政策目标,并进行环境政策工具分析,在此基础上分析纺织产业环境政策特征并提出政策建议。第四章分析废旧纺织品问题及其管理现状,梳理废旧纺织品政策的相关研究并构建三维理论框架,探讨废旧纺织品政策的强度与演进特征,深入分析废物等级视域下的废旧纺织品政策,以及废旧纺织品政策工具,在此基础上阐述研究结论,提出政策建议。

第五章是基于扎根理论的纺织企业生态创新维度与作用效果研究。本章基于深度访谈的扎根理论方法,探索我国纺织企业在实际情境中的生态创新行为。借助 NVivo 11.0 质性分析软件,通过开放式编码对原始资料进行初始概念化与范畴化,将原始访谈资料逐级缩编,在建立初始概念后分析提炼出纺织企业在生态创新实践中的范畴,建立纺织企业生态创新维度结构与作用效果的研究框架。

第六章为假设提出与理论框架构建。将纺织企业生态创新维度结构模型与相关文献比较分析,提高其测量量表的内容效度;梳理不同纺织企业生态创新类型对纺织企业经济绩效的影响,分析三类纺织产业环境政策,即命令强制型、市场型与自愿型环境政策对企业生态创新的作用,以及环境政策对企业经济绩效的影响,通过梳理三者之间的关系,提出七大假设,构建理论框架。

第七章为问卷设计与小样本前测。本章阐述初始问卷的设计过程以及问卷基本内容。基于前文内容分析与扎根理论研究结论,结合相关文献综合分析,分别形成纺织产业环境政策初始测量量表与纺织企业生态创新初始测量量表,并根据文献形成企业经济绩效的初始测量量表。在专家小组多次修改后,形成小样本检测的调查问卷。随后小样本试测得出检测结果,进一步对问卷进行针对性修改,得到大样本正式调研的问卷。

第八章为纺织企业环境政策对企业生态创新影响模型的实证研究。对大样本进行正式调研,实证检验了第六章提出的纺织产业环境政策对纺织企业生态创新影响的理论模型,采用结构方程模型,检验"纺织产业环境政策——纺织企业生态创新——纺织企业经济绩效"之间的作用模型,并对模型进行修正与评估。

第九章是研究结论与展望。对研究结论、理论贡献、实践意义和主要创新点进行总结,并对本研究存在的不足与尚待深入研究的相关问题进行了探讨。

二、研究的主要创新

基于纺织产业环境,分析环境政策对企业生态创新的影响,对完善纺织产业生态创新理论,推进该产业绿色升级具有较强的实践意义。本研究围绕纺织产业,沿着"纺织产业环境政策——纺织企业生态创新行为——企业绩效"的逻辑思路,对纺织产业环境政策、企业生态创新与绩效的影响机理展开理论探索与实证分析。本研究的创新点主要体现在以下几个方面。

第一,纺织产业环境政策的内容分析,构建我国纺织产业环境政策的二维分析模型,进而对我国中央政府层面颁布的纺织产业环境政策进行系统分析与评价。推进纺织企业生态创新,需要从环境政策这一最重要的影响因素入手,从宏观上把握纺织产业相关的环境政策,是深入分析纺织企业生态创新作用机理的基础。内容分析法的特征或优势之一就是可以用来分析时间跨度较大的文本。运用到政策研究方面,一是可以对政策文本展开纵向的比较研究,评价政策的运行态势,进而考察政策的演进趋势,提出合理化政策建议。二是可以通过政策文本话语的分析来探究政策制定者的价值走向,继而揭示政策背后的真实意图,探讨政策调整的触发机制。本研究主要采用归纳法的视角,对近28年来我国中央政府层面的纺织产业环境政策进行内容分析,目的是帮助政策制定实施者与落实者厘清政策的实质内容,以确保政策的合理导向。废旧纺织品政策工具是近三年国外学者在纺织产业领域关注较多的前沿研究,加强对消费后废旧纺织品的有效处置,才有助于实现纺织产业绿色循环发展。本研究结合内容分析对118条纺织产业相关环境政策中的349条政策文本分析单元逐一解读,形成纺织产业环境政策工具的分析类别组合,并综合考虑纺织产业价值链中的研发阶段、投资阶段、生产阶段与消费阶段这四个阶段,将纺织产业价值链作为理论模型的第二个类别,构建我国纺织产业环境政策的二维分析模型,在此基础上对该产业环境政策进行系统综合分析与评价。为后续研究提供了基础,有利于推进我国纺织产业环境政策优化。

第二,构建纺织企业生态创新的维度与测量量表。已有研究中缺少对我国纺织企业生态创新维度系统化的理论与实证研究,本研究尝试弥补这一不足。在扎根理论视域下,探索我国纺织企业在实践中的生态创新行为。严格按照扎根理论方法的编码程序对深度访谈文本进行分析,建立纺织企业生态创新维度结构与作用效果模型,基本实现了我国纺织企业生态创新的维度开发。随后结合国内外相关文献比较分析,保证新开发的纺织企业生态创新维度量表的内容效度,并检测量表的信度与效度。本研究得出的理论结构模型,有效地体现出纺织企业生态创新行为的层次化与关系化,进一步丰富了生态创新理论,弥补了针对我国纺织企业的生态创新理论内容,在其生态创新行为构建细化和全面性方面体现了一定的创新性。

第三,基于纺织产业视角,构建"环境政策——企业生态创新——企业绩效"概念模型,并基于纺织企业样本调查数据进行实证分析。综合文献研究,建立"环境政策——企业生态创新——创新经济绩效"的逻辑关系,基于纺织产业环境政策内容分析的研究结论:近 28 年我国中央政府层面颁布的纺织产业相关环境政策,主要包括命令控制型政策工具、市场型政策工具与自愿性政策工具这三类政策工具。选取内容分析中各类政策工具类别中占比排名较高的几种政策工具来测量所在政策工具的类别(各类政策中选取的政策工具总占比均达到该类别的 90% 以上),通过企业内部对政策的感知来衡量国家颁布的纺织产业环境政策,形成纺织产业环境政策测量量表。基于扎根理论分析纺织企业深度访谈数据,从企业实践中提炼出纺织企业生态创新维度,结合相关文献,将纺织企业生态创新分为由产品生态创新、工艺生态创新与管理生态创新三维度构成,并开发相应的测量量表。在此基础上,探索环境政策对纺织企业生态创新的影响机理,通过大规模问卷调查与统计分析,对理论模型与研究假设进行检验,依据分析结果对模型进行了修正,试图揭开"政策——行为——绩效"的"黑箱"。

第二章

生态创新与环境政策的相关研究

可持续发展和技术创新是企业和学术界持续关注的主题,近几年学术界围绕生态可持续发展与企业生态创新展开诸多研究。

第一节　生态创新的相关研究

一、生态创新的发展背景

关于创新的第一项研究可以追溯到熊彼特(Schumpeter,1911)提出的命题。熊彼特在其1911年于奥地利出版的《经济发展理论》一书中首次明确描述创新的特征。关于创新与可持续性整合的讨论,Fussler & James(1996)和Rennings(2000)进行了早期研究。Fussler & James(1996)首次将生态创新(eco-innovation)定义为"开发新产品、流程或服务的过程,这些新产品、流程或服务能够提供客户和商业价值,同时显著降低企业活动对环境的影响"。

可持续性是指能够满足当代人的需求,同时不损及后代满足其需求的能力。对企业来说,企业可持续性是指企业能够减少或消除其对自然环境的影响,同时满足其现有与未来利益相关者需求(如股东、雇员、社会团体、非营利环保组织)的能力。世界银行学者首次提出生态可持续性的概念,最初是指生态责任发展。之后,学者们逐渐使用生态可持续发展这一概念。最终,形成了生态可持续性的概念(Serageldin & Streeter,1993)。Goodland(1995)的研究指出,生态可持续性是寻找通过保护人类所需的原材料并保证无过量废弃物的方式,来提高人类福利,从而阻止对人类的伤害。生态可持续性是基于生态系统服务的理念——再生资源、非可再生资源与废弃物吸收能力，从而有益于人类，提高人类福利。

根据三支柱理论，可持续性包含三个方面：经济可持续性、社会可持续性与生态可持续性。经济学家专注于可持续资本（包括人造的、自然的、人力的与社会的可持续资本）。生态可持续性方面，世界经合组织（OECD—The Organization for Economic Co-Operation and Development）环境战略对生态可持续概念的形成起到了主要推动作用。该战略定义了生态可持续性包含的四个标准：①再制造（再生资源应该被有效使用，同时这些资源的使用不应该超过其长期自然再生率）；②可替代性（非可再生资源应被有效使用，对其使用应仅限于无法由再生资源或其他形式资本抵消的部分）；③吸收性（排放至环境中的危险或污染物质不应该超过其自身的同化吸收能力）；④避免不可逆性。

生态创新有助于实现三重底线（即环境、经济和社会责任）的可持续发展，这种融合是一体化的。生态创新将创新朝着可持续发展的方向扩大，除了具有创新特性之外，还应该对环境起到有利作用（OECD，2009）。创新和生态创新均以市场成功为目标，但生态创新的另一个特点是在其他因素和利益相关者的多重压力下，降低对环境的影响，基于政策体系和其他因素治理特定环境问题，如温室效应、对生态系统和人类的有毒物质影响、生物多样性减退丧失、土地和资源的不合理使用（Rennings，2000）。

二、生态创新的概念

由于不同学者具有背景和专业知识差异，所以对生态创新内涵的界定存在较大差别（见表2-1）。在生态创新的最优实践以及如何将其付诸实施从而实现环境目标方面，学术界仍有一定争议。生态创新的概念应该易于理解，最重要的是，应该能被企业的所有利益相关者所认可。

表2-1　生态创新的概念汇总

作者（年份）	概念
Fussler & James(1996)	生态创新是显著减少环境影响并能给顾客和企业增值的新产品、工艺或服务的过程。

（续表）

作者（年份）	概念
Rennings & Zwick（2003）	生态创新是为避免或减少有害的环境影响而进行的新的或经过修改的过程、设备、产品、技术和管理系统。
Rennings（2000）	生态创新是为企业或客户进行的新产品、服务、生产过程、组织或管理结构或业务方法的生产、应用或探索。
Little（2006）	生态创新是由社会、环境或可持续性问题引导，在市场、产品和服务或过程中创造新的空间。
Kemp & Foxon（2007）	生态创新是为企业或客户进行的新产品、服务、生产过程、组织或管理结构或业务方法的生产、应用或探索。生态创新过程中会有两种情况出现：在创新的过程中有意识地追求环境收益以及在创新过程中无意识地产生了环境收益。
Kemp & Pearson（2007）；European Commission（2008）	生态创新是生产、同化或开发一个新颖的产品生产过程、服务或管理的商业模式，其目的是在其整个生命周期内防止或大大减少环境风险、污染及其他资源使用（包括能源）的负面影响。新颖性和环境目标是其两个显著特征。
Andersen（2008）；Foxon & Andersen（2009）	生态创新能够吸引市场上的绿色收入，减少环境影响，同时为组织创造价值。
Carrillo-Hermosilla et al.（2009）	生态创新是系统、技术或社会变革的过程，包括新想法的产生及其在环境改善实践中的应用。
OECD（2009）	"可持续制造与生态创新"报告中将生态创新定义为"新的或显著改善的产品（或服务）、生产过程、市场方法、组织结构和制度安排的创造或实施行为，这些行为不管是有意还是无意，与其他替代方案比较都能够带来环境的改善"。
Pacheco et al.（2017）	生态创新要达成的是，与相应的替代方案相比，其预期结果是更能够降低环境风险，减少污染，并减少资源利用的负面影响。

资料来源：根据文献整理。

　　尽管学者们对生态创新的起源背景、概念外延及表述方式有所不同，但对生态创新的已有定义，本质上都强调"创新"与"环境收益"。他们对生态创新的普遍认识是,在传统对产品、流程与实践的创新管理中,减少对环境的影响,保护现有自然资源(Pacheco et al.,2017)。生态创新包括生产实践中用来生产环保产品的过程创新。生态创新的概念应该综合生态、技术、市场需求以及遵从法规诸多方面,并在实践中不断探索公司应用这一概念的能力,深化概念的内涵。

就概念的表述而言,早期的生态创新概念近年来不断完善改进,体现出生态创新的动态性。从最早的"减少环境影响",到OECD(2009)和Pacheco et al.(2017)提出的"与替代方案比较,能带来更多环境改善",学者们越来越多地考虑到更多环境改变的因素。不同年代、不同产业面临的环境问题是有差异的,而通过替代方案的参照,而非"一刀切"的定义,更有利于企业将生态创新付诸实践。

生态创新不同于其他创新,除了产生研发工作中典型的溢出效应,还通过改善环境质量产生积极的外部效应。Rennings(2000)将这一特征称为生态创新的"双重正外部性",即产生知识溢出与环境效应溢出的双重外部效应。企业因此降低了投资生态创新的积极性。相对于一般创新行为,企业在进行生态创新的过程中,不仅需要在产品、流程、技术方面有所改进,在研发、生产、运营等方面也需要兼顾生态环境,需要提高相关创新活动的环境绩效,达到企业发展与环境保护的"共赢"效应。若缺少环境政策支持,在市场拉力与技术推力不够强大时,非生态产品或服务于生态产品与服务的市场竞争极易降低企业生态创新的动力。因此,生态创新需要特别的环境规制支持,在生态创新方面发挥政府"制度的推/拉效应"(Rennings,2000),这也形成了生态创新的特性之一。尽管措辞不同,Fussler & James(1996)和Kemp & Pearson(2007)提出的生态创新概念均包含环境和经济两方面。Andersen(2008)和Foxon & Andersen(2009)明确指出,生态创新是在减少环境影响的同时为企业创造价值。企业面对经济绩效与环保绩效的双重压力,以及不断变化的外部环境与利益相关者的多方压力,更需要政府采取政策措施助推企业可持续发展。

在梳理文献过程中,本书发现学者们对生态创新内涵的解读主要存在两方面的差异。

第一,对企业有意或无意追求环境收益,二者是否都属于生态创新的争议。

学者对此方面的争议主要基于创新者的意图。随着行业从末端治理方案逐渐向集成技术和产品创新的方向过渡,企业创新的环境动机可能会与其他动机并存。简言之,验证企业的环保行为动机比环境结果更难(Kemp & Foxon,2007)。除了部分企业在创新技术过程中无意产生了环保作用,也不排除部分企业为减少生产和消费活动对环境影响而研究推进相关绿色技术。OECD 强调生态创新可能是出于企业的环保动机,但也有可能是企业为达到其他目标产生的副作用,例如为降低生产成本,减少资源消耗(OECD,2009)。由于企业有意与无意的绿色行为都有环境收益,因而都属于生态创新。Kemp & Foxon(2007)提出两类动机,第一类为"环境动机创新"(environmentally motivated innovations),即在创新过程中有意识地追求环境收益,第二类为"对环境有益的正常创新"(environmentally beneficial normal innovations),指在创新过程中无意识地产生了环境收益。本书对生态创新的定义包括两种类型的生态创新。

第二,对末端治理是否属于生态创新范畴的争议。部分学者认为生态创新特指主动式的生态创新行为,强调污染防治而非污染控制,将末端治理技术排除在生态创新的范围之外。Carrillo-Hermosilla et al.(2009)认为,末端治理可视为企业活动的"附加组件"(component addition),"组件"的变化可以最大限度地减少和修复对环境的负面影响,而无须直接改变最初产生这些影响的生产流程。自工业革命以来,这些技术的实施已经大大改善了空气质量并净化了水质,但这样的创新可能会产生额外的流程成本。

从环境视角分析,学术界存在着创新的两种不同设计理念:一种设计理念注重末端治理(end-of-pipe),认为人类行为与自然环境不相容,并强调应该尽量减少负面环境影响,通过末端治理处理排放物。不可否认的是,仅依靠末端治理,有可能对环境造成二次污染,例如催化转化器降低了排放的毒性(氮来自内燃机的氧化物,一氧化碳,碳氢化合物),但在转化过程中增加了燃料消耗和二氧化碳排放量(Hart,1997)。另一种设计理念侧重于源头污染预防,重新设计优化系统,从源头减少生产与消费活动对环境的影响,注重清洁生产(Aragón-Correa,1998)。

考虑技术本身存在渐进性或突破性的特点,达到突破性的技术需要一定的技术改进与积累,当现有的生产系统无法快速做出调整时,末端治理可以成为阶段性处理环境问题的有效工具,为清洁生产技术从初期研发到成熟阶段"争取时间",同时达到降低对环境负面影响的目的。但如果仅依靠末端治理,而不改变设计与生产过程,那仅仅是治标不治本。本书认为,虽然末端治理在减轻对环境负面影响的同时会对环境有一定附加影响,但由于技术改进的发展进程较慢,该进程能够在减少对环境影响方面起到一定作用,应该属于生态创新的范畴。这两种不同的绿色创新设计理念应以动态视角综合考虑。

三、生态创新与相近概念辨析

与创新一样,生态创新是多元化和跨学科的(Santolaria et al.,2011),其概念在文献中还没有清晰统一的定义。研究者往往根据自身的学科背景和偏好提出及使用不同的概念,如环境创新(environmental innovation)(戴鸿轶、柳卸林,2009)、绿色创新(green innovation)(Chen et al.,2006;陈劲,1999)、可持续创新(sustainable innovation)(Chen et al.,2006)或生态创新(eco-innovation)(Santolaria et al.,2011)。这些生态创新的概念涉及工程学、经济学和管理学等不同学科的观点。

有些学者认为,这几种不同概念可以相互替代,并且经常互换使用,所有这些术语基本上都是同义词,只有微不足道的意义差别。虽因跨学科运用而采用不同的表达方式,但指向相同的方法与主题(Santolaria et al.,2011)。因此,本书在回顾企业生态创新相关文献时,将这几种不同的表述进行梳理和分析比较。

2010年之前,学者们在进行相关研究时使用频率最高的是"环境创新"。从2011年开始,"生态创新"的频率高于"环境创新"。比较而言,"可持续创新"是出现频率最低的(Santolaria et al.,2011)。但2014年以后,"可持续创新"的使用频率大大增加。在谷歌学术(Google Scholar)数据库中的搜索结果表明,"可持续创新"出现在涉及经济、社会、文化到自然等不同主题的文献中。

分析相关研究,生态创新与相近概念的差异性主要体现在两个方面:

第一,四个概念涉及的内容范围不同。生态创新比环保创新和绿色创新涉及的内容更丰富,不仅包括技术创新,还包括非技术创新(如服务创新、管理创新、组织创新、商业模式创新等),而环境创新、绿色创新更多侧重技术创新。在这些不同的环境创新概念中,只有可持续创新强调生态与环境,并包含社会可持续发展等方面的举措。生态创新更有可能帮助企业实现经济和环境的双赢,而环境创新通常只能在环境绩效的基础上进行衡量,并不一定涉及经济绩效。换句话说,在进行环境创新时,经济绩效可能会被迫让步。因此,OECD 使用"生态创新"作为核心概念。

第二,四个概念使用对象与主体存在差异。当提及高生态效能的创新时,西方学者和政策制定者多使用生态创新、环境创新,而国内学者和政策制定者多使用绿色创新。在提及环保技术、绿色技术、清洁技术、低碳技术等高生态效能的技术时,东西方研究者和政策制定者使用的术语没有明显差异。

四、生态创新的维度

生态创新的维度构成仍在不断探索完善中,现有文献包括从二维到六维的不同划分方式。总体而言,维度构成划分思路主要有两种方式(见表 2 - 2)。

表 2 - 2　生态创新的维度划分

划分维度	划分依据	分类	文献来源
二维	技术强度	渐进式生态创新、突破式生态创新	Del Rio et al.(2010)
	内容和形式	绿色技术、管理创新	Qi et al.(2010)
		生态技术创新、非生态技术创新	OECD(2009)
		环保产品、工艺创新	Wagner(2007)
	战略反应	主动式绿色创新、被动式绿色创新	Chen et al.(2012)
三维	内容和形式	绿色产品创新、工艺创新、管理创新	Chiou et al.(2011)
	业务整合程度	末端治理技术、清洁工艺、绿色产品	杨发明、许庆瑞(1998)
		末端控制技术、整合性清洁生产技术、环保技术研发	Demirel & Kesidou(2011)
	技术强度与生态效能影响程度	附加组件(末端治理),改进子系统(生态效率),改进系统(生态效用)	Carrillo-Hermosilla et al.(2010)

（续表）

划分维度	划分依据	分类	文献来源
四维	内容和形式	环境技术创新、组织创新、生态产品/服务创新、绿色制度创新	Kemp & Pearson (2007)
		生态产品创新、工艺创新、组织创新、市场创新	OECD(2005)
	业务整合程度	污染预防、产品管理、清洁技术与聚焦团体	Hart & Milstein (2003)
五维	内容和形式	生态产品创新、工艺创新、组织创新、市场创新、商业模式创新	Yang et al.(2012)
	业务整合程度	附加型生态创新、整合型生态创新、产品替代型生态创新、生态宏观组织创新、生态技术范式创新	Andersen(2008)
六维	内容和形式	生态产品创新、生态工艺创新、生态组织创新、生态市场创新、生态社会创新、生态制度创新	Carrillo-Hermosilla & Könnölä(2008)
		产品与服务、供应链管理、生产过程、文化、管理与其他	Resta & Ciarapica (2014)

资料来源：根据文献整理。

　　第一，基于传统创新的划分方式。由创新的技术强度可将其划分为渐进式创新与突破式创新(Del Río et al., 2010)。根据内容和形式，生态创新可通过三种方式划分，包括生态技术与非生态技术创新(OECD, 2009)，产品与工艺创新(Wagner, 2007)，技术与管理创新(Qi et al., 2010)。在此基础上生态创新的维度不断深化，逐级增加对生态管理创新层面的内涵理解，划分为生态产品创新、工艺创新与管理创新三个维度(Chiou et al., 2011)。Resta & Ciarapica(2014)进一步将其维度扩展到六维，包括产品与服务、供应链管理、生产过程、文化、管理与其他方面，进一步细分了供应链管理与日常管理。学者对生态创新的内涵层次理解逐渐扩展深入，生态创新的内涵包括为企业或客户进行的新产品、服务、生产过程、组织或管理结构或业务方法的生产、应用或探索

（Rennings，2000），也包括市场创新（OECD，2005；Carrillo-Hermosilla &
Könnölä，2008；Yang et al.，2012）、制度创新（Kemp & Pearson，2007；
Carrillo-Hermosilla & Könnölä，2008)和商业模式（Yang et al.，2012）。

　　第二,基于生态创新与企业核心业务整合程度的划分方式。从上文对生态
创新内涵的文献梳理中不难看出,末端治理技术与清洁生产对降低环境负面影
响的作用程度不同。近几年将末端治理作为生态创新的构成部分,这是多数学
者认同的观点,末端治理可视为企业为实现生态创新添加的附加组件。从这一
视角出发,多位学者将末端治理技术与清洁工艺作为生态创新的维度（如杨发
明、许庆瑞,1998）,而 Demirel & Kesidou(2011),认为生态创新可分为末端控
制技术、整合性清洁生产技术与环保技术研发。

　　从战略反应角度来看,可将生态创新分为主动式绿色创新与被动式绿色创
新(Chen et al.,2012)。Hart & Milstein(2003)提出污染预防、产品管理、清洁
技术与聚焦团体这四个维度。Andersen(2008)从整体与局部考量,将生态创
新分为五个维度:附加型生态创新、整合型生态创新、产品替代型生态创新、生
态宏观组织创新与生态技术范式创新。

　　生态创新的不同维度划分方式之间存在一些相似之处。首先,大多数分类
都提及技术生态创新,仅在表达方式上略有区别,如末端治理/控制技术、绿色
技术、生态技术创新、环境技术创新、附加组件、清洁技术和生态技术范式创新。
另外,不同分类方式中的组织生态创新的出现频率较高,包含的表述方式有组
织创新（OECD，2005；Kemp & Pearson，2007）、生态组织创新（Carrillo-
Hermosilla & Könnölä，2008）、环境组织创新（Kemp & Foxon，2007）、生态
宏观组织创新(Andersen，2008)。

　　综合梳理,生产创新的基本类型可以概括为生态产品创新、生态工艺创新
与生态组织创新。其中,生态产品创新提供环保产品。学术界关注的重点是产
品生命周期全过程是否有益于环境,比如将环保材料与环保技术用于改进产品
中。生态工艺创新产生具有生态效率的产品与服务,包括末端治理与清洁生产
技术。末端治理技术通常不改变产品过程,而通过事后反映与再处理方式进行
污染控制。清洁生产技术聚焦于预防污染并通过采取"前瞻、预期与预防"来降
低能源消耗(Demirel & Kesidou，2011)。生态组织创新往往不直接降低环境

影响,但能够加速生态产品创新与生态过程创新。

五、生态创新的测量

由于生态创新的维度多样,尤其是运用到具体技术领域时有一定复杂性,因此生态创新的测量仍存在难度,相关研究对此存在不同的观点和方法。部分学者从"投入—产出"的视角解构生态创新。但是当企业需要测量其实施生态创新战略的效率时,该方法就略显不足了。在此方法基础上,部分学者构建了生态效率(Levidow et al.,2016)或环境生产力指数(Sueyoshi & Wang,2014)来测量特定公司、工业部门、地区或国家的生态创新。此外,大多数实证研究采用单一指标,如环境研究与开发(R&D)支出(Lee & Min,2015)或环境专利(Chiou et al.,2011)来衡量生态创新。在研究政策工具对生态创新的影响时,部分学者采用这些简化的指标来测量生态创新。这种生态创新测量有利于优化基于控制资本、人力资源投资与污染物排放的产品系统。因此,政策制定者可以根据测量结果直接采取进一步措施,改进生态创新结果。但是,使用这些指标来衡量生态创新存在一定局限性。这些测量指标很难体现所有生态创新实践在技术与非技术方面的实际与汇总效应。

因此,除了上述采用二手数据测量生态创新的方法之外,有些学者通过直接对企业进行访谈或问卷的研究方法探究生态创新的测量。采用问卷测量的研究主要围绕生态产品创新、生态工艺创新和生态管理创新开发测量量表。

部分学者通过生态产品创新与生态工艺创新测量生态创新,生态产品创新通过降低产品污染度、减少产品材料使用量与产品易于回收再利用与分解测量,生态工艺创新从制造过程中有效减少有害物质的排放或浪费、减少水电煤或石油的消耗与减少使用原料这三方面进行测量(Chang,2011)。Cheng & Shiu(2012)同样采用焦点小组的方法,得出的 25 个题项中包含 9 项生态组织的题项,6 个测量生态工艺的题项与 10 个测量生态产品的题项。文献查阅、访谈研究与开放式问卷调查获得的关于生态创新的描述,存在数量较多、类别不清晰以及重复等问题。Li(2014)通过 6 个题项测量生态创新实践,分别是:全面环境质量管理,ISO14000 认证,利于环境改进的跨职能合作,减少材料或能量消耗的产品设计,可对材料与零部件再利用、再循环、再回收的产品设计,避免危险、有害、有毒物质的排放。廖中举(2018)在梳理文献得到初步的 26 个题项基础上,进一步通过访谈研究、问卷调查以及内容分析方法,获得生态创新 16 项测量题项,包含生态管理创新、生态工艺创新与生态产品创新三个类别。该研究总结的测量条目更贴近中国企业当下的实践情况。

第二节　环境政策的相关研究

从 20 世纪 60 年代末开始,环境质量与可持续资源就已得到政府的广泛关注。政策制定者都在寻找能够实现其监管目标的政策工具。环境政策旨在治理经济活动对环境产生的负外部性。随着环境问题的重要性日益凸显,环境政策研究得到更多学者的关注。环境政策工具也是研究的关注点,包括政策工具类别与效应。

一、环境政策的内涵

从广义上看,规制可以定义为"各级政府管理机构对私营部门行为施加义务或限制的各种法律文书,包括宪法、议会法、附属立法、法令、命令、规范、许可证、计划、法规以及某些形式的行政指导"(OECD, 1997)。环境规制包括关注并影响环境的相关法规。

相当数量的文献表明,政府监管是刺激生态效率的重要推动力。政策工具是政府实施其政策而采用的实际方法,政策制定者拥有广泛的工具以解决某些政策问题,并实现预期效果(Bemelmans-Videc et al., 2003)。针对已发现的各种问题,通常有必要采用严谨设计的政策和政策工具组合。

在废旧纺织品处理方面,单一政策工具仅能降低 1％～1.5％ 的废物,因此需要政策工具组合来加强监管。单一政策工具发挥的作用有限(Damanpour et al., 2009),与单独使用某个政策工具相比较,承前启后的连续政策工具组合能产生更好的绩效(Umpfenbach, 2015),政策工具之间的互补效应对创新产生影响,需要优化政策工具组合来加强监管。

二、环境政策的分类

政策工具的相关前期研究对其中的具体工具有不同的分类方法

(Finnveden et al.,2012)。Sterner(2002)将政策工具分为法律型工具、经济型工具、信息型工具和实物规划型工具(如规划回收设施的距离)。Jordan et al.(2003)将环境政策划分为四类:①基于市场的政策,这类政策对于企业生态创新往往是正向激励,是"拉"的力量;②约束性政策,与①不同,这类政策对于企业的激励往往是负向的,也就是"推"的力量;③自愿性政策;④基于信息的政策,例如环境标志制度等,这类政策可以是强制性的,也可以是自愿性的。

最常用的政策工具分类有三种类型(Bemelmans-Videc et al.,2003),按照类别—目的分类,包括规制型工具、经济型工具和信息型政策工具(Bemelmans-Videc et al.,2003;Rogge & Reichardt,2016)。基于文献梳理,本书将环境政策工具分为三类,命令控制型工具、市场型工具与自愿型工具。

第一类,命令与控制型工具。规制型工具由法律与规定构成,包括制定企业必须遵守的目标、标准与技术,也包括控制污染者的监督体系以及违规的经济与刑事制裁(Pereira & Vence,2015)。这类政策对不能达标的企业进行惩罚,从而驱使企业进行生态创新。Jordan et al.(2003)研究指出该类工具包括各种技术标准、环境表现标准、压力标准或环境产出标准等。结合 Pereira & Vence(2015)与 Jordan et al.(2003)的观点,命令控制型工具包括禁令、标准、市场准入、排放限制、对中间或最终产品的技术要求、配额、技术生产过程的具体要求以及污染处理。

第二类,市场型工具。命令控制型政策的特点通常限制其应对不断升级的环境滋扰的能力,而且不足以确保经济达到社会最优化,需要补充基于市场的经济型工具,才更有利于产生显著成效。市场型工具通常可以与命令型规制互为补充,以提高政策有效性并以较低成本实现环境目标。市场型政策工具通过市场信号刺激企业行为改变,包括对企业相对成本、财务转移或两者的调整,包含交易许可、环境污染税、存款退款系统和履约保证金(Pereira & Vence,2015)。Pereira & Vence(2015)认为,市场型政策工具主要包括环境税与补贴。Jordan et al.(2003)提出市场型政策包括排污权交易、环境税、罚款、抵押金、补贴、绿色采购、责任赔偿等。部分学者指出罚款是我国环境政策中常用的经济措施手段,超过污染物排放总量控制标准的企业将面临罚款(Zhang et al.,2007;Wang & Geng,2012),譬如污染物排放总量控制标准是行政手段,相应的经济手段是在排污超标的情况下征收的罚款(Zhang et al.，2007)。

这些市场型工具能够提高污染企业在环保方面的灵活性，同时也需要为污染排放支出额外的高昂代价，因而企业通常倾向于效仿市场中其他企业的表现。对此通常采取的政策措施是从基于创建排污权交易市场，过渡到环境税或生态税。这一大类政策工具还包括包含补贴在内的财政激励措施。通过运用市场信号，这些工具激励企业和个人在成本和收益之间进行权衡，并自愿采用新能源或相关技术，降低环境治理成本。这些政策可以根据价值规律，来引导企业自主响应政策，比如减免企业利用废弃物再生产产品的税费，引导企业在生态创新的同时增加利润空间，这样企业就会努力朝着可持续发展的方向前进，尽可能做到绿色环保。

我国政府还制定了多种激励政策，如减少或免除废物再加工企业增值税，为中小企业(SME)分配专项资金，以更好地将可持续发展纳入实践(Hicks & Dietmar, 2007)。Bernstein(1993)提出，污染收费、创造市场、补贴、存款退款制度和执法激励措施是此大类中的主要工具，其中执法激励涉及与直接规制相关的经济措施，因此这种工具可视为规制辅助措施而非纯粹的市场型工具。

第三类，自愿型工具。越来越多的学者认为，需要提高企业实现相关环境目标的灵活性，从而激发更多企业自愿将环境问题纳入生产决策中，以此改变企业文化和管理实践。自愿型工具强调通过污染企业的自我约束来提高政策实施的灵活性(Pereira & Vence, 2015)。与上述两类政策类型相比，自愿型政策工具更易于提高企业的环境意识以及对技术创新可能性的认识(Jordan et al.，2003)。公共行政部门制定一整套环境绩效机制，其中自愿遵守环保要求的企业能获得技术支持、公众认可或更有利的规范性待遇(Pereira & Vence, 2015)。政府逐渐建立信息流程，曝光污染企业造成的环境破坏问题，以指导和激励污染企业改变其做法。我国各级政府都在努力加强道德教育，鼓励公众参与环境保护，政府设立环境污染投诉热线，群众可通过信件或上访举报对其环境权利的侵犯行为。

自愿型政策致力于提高企业对于污染问题的自我约束。主要体现为完全自愿性的技术援助，公共的认知或者良好的处理规范。通过鼓励企业与个人去做"正确的事情"，从"要我做"到"我要做"转变，自愿性政策在环境政策中发挥着越来越大的作用。国内外学者围绕命令控制型与市场激励型环境政策的研究相对较多,对自愿型环境政策的研究相对缺乏。

三、政策认知的内涵

对"认知"(cognition)的研究本身属于心理学学科范畴,认知主要包括思维和知识经验。根据信息加工主义心理学和建构主义心理学,认知是个人以已有的知识结构同化或顺应新知识,从而在头脑中重构和应用知识(杨林,2010),这种过程可以是自然的或人为的、有意识的或无意识的。在一定程度上,几乎人类的所有心理活动都与认知有关,或者至少涉及认知的领域。管理认知是企业对信息和竞争机会的把握和解读,会影响企业战略的制定和选择(杨德锋等,2012)。政策认知(policy cognition)是人们对政策过程和政策系统功能、作用、结构、关系等的认知(张国庆,1997)。企业管理者认识与理解环境政策的相关信息和机会,对政策相关信息进行判断。企业政策认知通过高层管理者或高层管理团队的意识形态得以表现,即高层管理者的环保意识就是企业对政策认知的具体体现。

Hambrick & Mason 于 1984 年正式提出高阶管理理论,该理论的核心思想是企业高管会影响企业的战略和绩效(Hambrick & Mason, 1984)。高阶理论认为,企业的战略选择和决策不仅受到经济技术因素的影响,还会受到战略制定者的认识和意识形态的影响,是高层管理者或高层管理团队的反映。企业高管(主要指决策者或决策团队)的价值观、经历、高管认知和经验会极大地影响他们对环境的感知和解读,高管基于自身所处战略环境和个人心理特质进行有限理性决策,进而影响他们的决策和企业绩效。组织在应对制度压力时并非是简单的、完全独立的,制度压力在渗入组织时发生了改变。复杂决策很大程度上是行为因素的结果。高管对环境的认知决定了企业如何采取环境响应行为。企业对环境的反应是建立在管理者的认知的基础上的,即管理者对环境的认知程度越高,环境问题在企业战略管理的层次也就越高(Murillo-Luna et al., 2008)。

综合"认知"的内涵与相关研究,本书认为环境政策认知是指企业中高层管理者基于其个人价值观、经历、高管认知和经验,通过有意识或无意识的学习,对环境政策相关信息和机会逐渐认识与解读,对已有的政策知识结构同化或顺应,进而在头脑中对政策相关内容进行重构,包括对政策具体内容、实施流程与实施现状的认识。企业对环保政策的认知程度越深,越有可能把环境政策放在企业战略中的较高水平。

第三节　生态创新绩效的相关研究

生态创新对企业的创新绩效、环境绩效与经济绩效起到重要作用。此外生态创新还有利于提高资源生产率(OECD,2009;Chen et al.,2006),强化企业对全球环境变化的理解及其与经济和社会系统的关系(Rennings,2000)。文献中对生态创新的绩效测量主要从创新绩效、环境绩效与经济绩效方面展开。

一、创新绩效

理论界对于企业生态创新绩效的认识存在很多争议。与一般创新比较,生态创新绩效测量的复杂性并不仅仅在于环境维度的加入,更在于环境维度与经济、竞争维度的交互作用(董颖,2011)。围绕企业环境、经济、竞争绩效之间的关系研究存在正向、负向、无关系和混合关系等多种结论。研发支出与专利申请数(Jaff et al.,1997)、环境专利数(Popp,2005)都可作为创新绩效的测量指标。

二、环境绩效

产品在生产、使用以及废弃过程中都会产生多方面的环境影响,这些环境影响的产生原因、作用介质以及影响尺度都有所差别,因此环境绩效的评判是多维度、多属性与多目标的活动(董颖,2011)。综合文献,环境绩效可以从三个类别进行评判,第一类包括对排放和能源使用的环境影响;第二类包括符合法规要求的环境绩效,包括安装处理与回收工厂;第三类从组织过程和资本支出的角度来测量环境绩效。Fernando & Wah(2017)将环境绩效定义为环境合规性的改善,固体或液体废物和温室气体排放的降低,以及回收活动的改进。Li(2014)通过四个指标测量企业生态创新的环境绩效,包括有害气体、废水、固体废弃物的排放降低,有害与有毒材料的消费降低,环境事故频率降低,以及企业生态形象改进程度。杨静等(2015)通过五个题项测量环境绩效,包括产品物料耗用的降低,产品的能源耗用降低,产品水耗用降低,采用了更安全或危害更小的材料,减少水、大气或固体污染物/废物排放。

三、经济绩效

　　财务指标用来衡量企业的经营绩效,包括销售收入、净利润、总资产周转率、净资产收益率和经济增加值等指标(胡元林、杨爽,2018)。叶红雨、王圣浩(2017)用企业的短期财务绩效和长期财务绩效两个指标来反映企业财务绩效。王建明等(2010)、Brockman et al.(2012)对经济绩效测量量表中的 6 个测量条款通过与主要竞争对手相比,来衡量企业绩效:净资产收益率、销售收入增长、市场占有率、投资回报率、年净利润率、资产报酬率。Li(2014)通过四个指标测量企业生态创新的财务绩效,分别是产能利用率的提高程度、废物处理费的降低、销售废旧物资和设备增加的利润以及环境事故的罚款成本降低。Hojnik & Ruzzier(2016)从两方面衡量企业生态创新的绩效,包括公司盈利能力(回报率——ROA,股本回报率——ROE 和销售回报率——ROS),以及公司增长(员工人数和两个业务年度销售增长)。杨静等(2015)通过三个题项测量经济绩效,分别是产能利用率的提高、废物处理费用开支的降低、销售废旧物资和设备获得的收入。黄蝶君等(2016)通过四个指标测量经济绩效,包括销售收入、收入增长、企业利润和市场占有率。

第四节　环境政策、生态创新与企业绩效的关系研究

一、环境政策对生态创新的影响

　　由于生态创新存在独特的"双外部性"特征,Rennings(2000)强调政府监管的"推与拉"在生态创新中的促进作用。多数学者在生态创新的研究中也将监管和制度作为重要因素考虑(Horbach,2008;Rennings,2000)。波特的双赢假设(Porter & Van der Linde,1995a,1995b)指出,公司进行环保研发是其用

来降低必要成本的策略,这些投资有助于其降低整体生产成本。此外,监管措施和激励措施可能为企业进入绿色产品市场铺平道路(Demirel,2011)。适当的环境规制可以促使企业进行更多的创新活动,而这些创新将提高企业的生产力,从而抵消由环境保护带来的成本并且提升企业在市场上的盈利能力,提高产品质量,这样有可能使国内企业在国际市场上获得竞争优势,同时,有可能提高产业生产率。Horbach(2008)在扩展一般创新理论的基础上提出环境创新理论,指出影响生态创新的因素包括需求方、供给方、制度和政治因素。近几年学者们运用管理学理论分析生态创新的驱动因素,较多运用的理论有制度理论、新制度理论、利益相关者理论和资源基础观,本书结合理论视角剖析影响生态创新的逻辑关系,梳理相关文献。

(一)相关理论背景

制度理论(Meyer & Rowan,1977)和利益相关者理论(Freeman,1984)都强调企业的外部控制,即强调外部环境对企业组织行为的影响。制度理论认为,如果组织想要确保其合法性、生存和资源获取,则必须遵守法规。其基本假设是组织希望获得社会认同(合法性),将生态创新看作企业应对环保规制压力的方式,因此,组织行为会朝着社会期望的方向趋同,目的是要提升组织合法性,生态创新被概念化为强烈的政策驱动行为(Cleff & Rennings,1999)。严格的环境规制和灵活的环境政策工具是推动企业生态创新的重要制度因素(Pereira & Vence,2015)。

新制度理论从组织的制度环境出发,认为处于相同环境的企业会产生趋同现象,是目前学术界广泛认可分析组织行为的主导理论。新制度理论利用制度同构分析组织的同质性过程,强调组织面对服从共享组织形式和行为的压力。同质性和组织行为的重塑通过三种制度同构得以实现。首先,通过执政者(如政府机构)施加"强制性压力"(政府监管或机构强加的规则)。其次,当企业通过模仿行业竞争者的成功做法来追随他们时,就会出现"模仿性压力"(与模仿商业领袖有关)。最后,通过权威认证与评估对企业形成"规范性压力",通常由内部或外部利益相关者施加(Hojnik & Ruzzier,2016)。所有制度压力都有可能影响组织对环境问题的反应能力。

根据 Freeman(1984)的研究,企业利益相关者分为主要利益相关者与边缘利益相关者。主要利益相关者是那些有能力、法律性或紧迫性的相关者,他们影响企业的生存与发展,如政府、环境、股东、顾客等;边缘利益相关者是指与企业关系较疏远的相关者,比如非政府组织。随后学者们研究指出,不同的利益相关者会引起不同类型的组织与环境战略。Sarkis et al.(2010)将利益相关者分为内部利益相关者(员工和经理)和外部利益相关者(客户、政府监管机构、股东/金融投资者和非政府组织)。相比之下,Nair & Ndubisi(2011)提出了三组利益相关者,核心影响人(管理/领导、员工、消费者、政府和活跃的普通公众)、中间人(非政府组织、竞争对手和商业伙伴)、中等程度的影响者(媒体、金融界、法院/法律系统和科学界)。利益相关者对公司施加压力,旨在减少不利影响或提高对环境的积极影响(Sarkis et al.,2010)。企业进行生态创新能帮助其减少来自不同利益相关者的压力,如政府、顾客、竞争者、社会团体与其他组织机构。

大部分学者将生态创新的驱动因素分为外部与内部因素(如 Horbach,2008;Horbach et al.,2012)。外部因素中,各方的激励和刺激因素是企业面对的压力。政府支持生态创新的政策是生态创新的关键决定因素(Klewitz et al.,2012)。与不同生态创新类型的其他影响因素相比,法规仍然是最主导的驱动力(Hojnik & Ruzzier,2016)。政府为保护创新和环境实践颁布相关法律或补贴,通常是减少制造型中小企业资源匮乏的因素(Hojnik & Ruzzier,2016)。Horbach(2008)和 Rennings(2000)指出,除了政策,环境创新也受到组织、社会和制度环境的影响。Horbach et al.(2012)进一步分析指出,生态创新的驱动因素分为政策、市场拉动、技术推动与企业特定因素,其中政策与市场拉动因素是最关键的影响因素。

内部因素中,绝大多数因素与公司内部先决条件与特征相关(Hojnik & Ruzzier,2016)。生态创新需要企业对专业人员和技术知识进行必要的投资。资源可得性(例如人员、技术和专业知识)是影响生态创新的最重要内部因素(Pacheco et al.,2017)。Hojnik & Ruzzier(2016)指出,企业内部资源和知识、企业高级管理层的环保意识可能也对企业生态创新产生一定的影响。公司内部因素促使公司评估采用生态创新所涉及的成本、收益和风险。一般而言,生态创新的内部因素有助于产生积极主动的可持续行为(Chen et al.,2012)。对企业而言,节约相关成本是最主要的动机(Demirel & Kesidou, 2011; Horbach, 2008; Horbach et al., 2012)。虽然很多企业正在进行生态创新,但大部分的动机仍然是注重遵守标准,而不仅仅是真正实现可持续的目标。

战略因素方面,学者们最常提及的关键因素是为客户、社会或公司进行的相关生态创新。企业进行创新并取得成功需要一定时间,进而为公司带来成效(Klewitz et al., 2012)。为支持生态创新的长期战略和实践,高级管理层必须具备相应的观念。

(二)环境政策对生态创新的影响

政策是影响企业生态创新的重要因素之一。学者们的研究发现,政府监管对企业生态行为具有重要影响(Helland, 1998)。Reijnders(2003)研究发现,管制许可体系是对鼓励企业实施清洁生产的具体而有利的工具。Helland(1998)较早研究在造纸业与钢铁行业政府干预对企业环境行为的影响,研究结果显示企业服从于政府规制有正相关关系。随后,逐渐出现学者对其他产业的研究,如采矿业、化学制造业等。

组织社会学派代表学者 Scott(1987)对制度与制度环境进行了界定,认为制度环境由规制环境、认知环境和规范环境三个维度构成。规制环境来源于国家、政府等具有法律权威的组织所颁布的各种法规政策(Kostova & Roth, 2002)。Scott(1987)认为规制环境的核心要素包括强制性暴力、奖惩和权益性策略反映。规制环境通过奖励或惩罚等手段,使企业遵守当地政府所规定的法律法规。一方面,规制环境能够对企业起到制约作用,如果企业行为不符合规制环境的要求,企业就会受到执法机构及相应管理部口的强制管制。另一方面,规制环境还能对企业起到激励作用,如果企业的行为属于规制环境所规定的某些特定类型活动,企业将会获得某些特权或收益。

规范环境包括价值观和规范,指企业的外部利益相关主体和相关竞争者所共同遵守的价值观、信仰和规范(Peng, 2009)。规范环境虽然也包含行业准则、专业标准等内容,但并不具备规制环境的强制性管制属性;而社会公众所共同遵循的价值观、习俗习惯等内容,则使规范环境具备了很强烈的道德色彩,如果企业行为不符合规范环境要求,企业的经营活动则会受到很大的社会压力。基于曼海姆创新小组的调研数据,Cleff & Rennings(1999)研究德国的环境政策对企业生态创新决策的影响,结果表明,影响企业生态创新决策的主要有国家监管、环境风险责任、污水和废物的收费、能源的费用及税收、部门自愿承诺、生态审计、环境影响评价、生态创新补贴、包装回收利用和生态标签,而在诸多环境政策中国家监管对企业生态创新效果的影响是最为显著的(聂洪光,2012)。许庆瑞、王伟强(1995)对江浙企业的环境技术研究发现,国家强制法令是企业环境技术创新的主要外部条件。环境政策可以在一定程度上促进产业升级,鼓励产品创新,以应对新的环境需求。

　　企业进行环境管理时,通常从污染控制向污染预防逐渐过渡。在这一过程中,需要政府适时出台相应的环境政策以对其进行规制。部分实证研究表明,严格的命令与控制型政策工具更有利于推进跨越式创新,而经济型工具通常主要推动渐进式创新,并有利于现有技术的扩散(Kemp & Pontoglio,2011)。因此,政策制定者急需通过制定有利的政策环境来鼓励企业主动进行生态创新。针对中国纺织服装企业社会责任的影响因素,Chi(2011)分析指出,政府政策对于中国纺织服装企业商业环境与竞争力形成起着最为重要的作用。西方学者研究强调投资者与利益相关者是对企业责任最关键的影响者,与此相反,中国对企业社会责任最重要的影响者是政府(Chi,2011)。因此在研究中国纺织服装企业时,不能一味采用西方传统的理论框架。中国近几年颁布多条关于生态保护的法律条例。对于中国纺织服装企业来说,这些法律条例设定了明确的标准与更高的挑战。与许多其他领先世界的纺织服装制造国家相比,中央政府对于企业生态创新实践具有更重要的影响,在企业社会责任发展中起着不可替代的作用。对中国企业来说,政府是最重要的利益相关者(Chi,2011)。

二、生态创新对企业绩效的影响

　　创新绩效有狭义和广义之分。狭义的生态创新是指创新活动带来的直接的结构功能变化。大致分为单一的直接性投入或产出指标,以及投入产出比指标这两类。广义的创新绩效是指企业生态创新所带来的直接或间接的变化。这些变化可以是企业自身内部变化,也可以是创新活动上的变化,抑或是经济绩效等的变化。企业生态创新能促进企业形成竞争优势(Hart,1997)。

　　(一)生态创新对经济绩效的影响

　　企业经济绩效又称企业财务绩效。大多数学者认为,企业经济绩效是企业在一定的经营期间内的管理效率和经营成果。新古典环境经济学认为,环境问题是市场失灵的产物,由此企业将环境问题视为一种增加生产成本和管理成本的负担,而环境政策则迫使企业增加额外成本(杨燕、邵云飞,2011)。生态创新是否对企业的财务绩效具有提升作用,仍然没有得到明确的验证,甚至部分研究表明生态创新会削弱企业的财务绩效。

20 世纪 90 年代开始,学者们与商业经理已关注企业生态创新是否与企业盈利相关(Klassen & McLaughin,1996)。部分研究显示企业生态创新能提高内部效率并降低运营成本,减少不必要的支出,优化生产流程,提高产品质量,获得市场先机,扩展市场前景。文献表明,通过将生态问题与其战略实践结合,企业能获得多种竞争收益,并体现在企业收入与成本方面(Willard,2012)。企业进行清洁生产的同时,能提高其财务绩效,从生态创新中获益(Kemp & Foxon,2007)。Rusinko(2007)的研究显示,不同类型的企业生态创新,如污染预防或产品管理对企业竞争力与盈利结果产生不同的作用。实施绿色管理,企业可以降低企业生产经营过程中的物质资源消耗,减少环境污染的治理成本。高效利用能源资源,可以提高企业的财务绩效。绿色管理可促进生产经营管理全方位的绿色化,企业整体和长远的经济利益就会得到保障,企业因此可获得生态与经济双效益(胡元林、李雪,2018)。生态创新为企业创造了较好的声誉,在无形中增加了企业潜在的财务绩效(Willard,2012)。部分学者认为,环境绩效对经济绩效具有显著正向影响,进而反映生态创新的作用,企业进行生态创新能提高环境绩效并增加利润。通过企业经济绩效变化,反映出企业因生态创新生产的产品与服务而增加盈利,同时成本降低 (Hart,1997)。但也有学者研究认为,在某些情况下,环境绩效的中介效应不明显,经济绩效与环境绩效的相互关系还不确定。虽然生态创新保证了经济回报,但要低于非生态创新(Marin,2012)。Ghisetti & Rennings(2014)证实,如果生态创新的目的在于减少能源和资源使用,那么生态创新对企业的财务绩效是有利的,但当它旨在减少有害物质和空气、水、噪音和土壤污染等外部因素时,生态创新会削弱企业的财务绩效。

企业进行生态创新能为其带来多重益处。生态创新的作用结果可以从基于市场的绩效、财务的绩效与组织的绩效三方面分析,同时考虑核心价值链中的利益相关者。生态创新与其绩效最核心的关系表现在经济、环境与社会责任方面。企业需要理解三支柱理论中的原则,综合考虑生态创新对于企业的经济、环境与社会方面的作用。理解生态创新对企业不同层面绩效的影响,分析生态创新对企业绩效的影响机理,将有助于企业理解变化中的环境问题与环境政策,加深企业对生态创新及其作用结果的理解,指导企业更有效地进行生态创新并提高绩效。

(二)生态创新对环境绩效的影响

自然资源基础理论强调企业绩效应该从财务与环境绩效方面考量。由上文对生态创新内涵的文献梳理可见,生态创新能减少消费和生产活动带来的环境影响(Horbach et al.,2012)。企业与学术界普遍认为生态创新是减少环境问题的方法。企业将生态创新融入其战略时,能在提高企业能力的同时减少生产过程中对环境的负面影响。通过生态创新补偿环境成本(Chen et al.,2006),并促使企业遵守环境法规并履行其对社会的责任。

根据 ISO14001 的定义,企业环境绩效是指企业在经营活动中,由于环境保护和治理环境污染而取得的成绩和效果。Judge & Douglas(1998)认为,企业环境绩效是企业在对自然环境方面,满足与超越社会期待的有效性,更为确切的定义是,企业对未来环境考虑的前瞻态度,且不仅仅局限于完成现存法律法规的规定。欧洲创新主题工作坊(2006)将生态创新中的环境收益界定为,"对自然资源的最小单位的使用以及最小量的有毒物质释放(从生命周期角度)"。欧盟委员会在 2007 年将环境效益表述为"减少对环境的影响、更高效负责任地使用自然资源和能源"(杨燕、邵云飞,2011)。生态创新概念给环境收益一个一成不变的界定,这是不客观的。因为环境问题(environmental problems)、环境问题解决目标(green targets)、环境问题解决方案(solutions for environmental problems)以及参与其中的利益主体(actors/stakeholders involved)都在随着世界环境议程的发展而变化。Kemp & Foxon(2007)等学者将生态创新中的环境收益与"其他可替代的途径"相比,将定义具体化,并具有可操作性,是一种折中的处理办法。根据美国制造业的面板数据,Carrion-Flores & Innes(2010)研究发现生态创新和环境绩效之间的显著正相关关系。

(三)生态创新对可持续竞争绩效的影响

利益相关者与消费者对于可持续性的诉求,对企业造成压力,推动其将生态意识转变为商业实践(Resta & Ciarapica，2014)。与此同时，生态创新产生的产品对客户具有公共和环境效益，进而激发更强的消费者绿色需求和环境保护意识(Kammerer，2009)。

除了减少负面环境影响外，生态创新还有利于提高资源生产率(OECD，2009；Chen et al.，2006)，强化对全球环境变化的理解及其与经济和社会系统的关系(Rennings，2000)。企业生态创新的实施对于企业与社会走向环境可持续发展至关重要。将生态问题纳入企业日常实践，把解决生态问题融入其中，就能将其转化为企业自身的竞争优势，从而推进企业生态可持续性发展。公众关注较多的是经济绩效与环境绩效，企业更倾向于将其纳入生态创新实践中，而学者们对诸如创造就业这种生态创新的社会绩效方面关注仍然很少。

生态创新绩效取决于企业自身将生态产品创新(产品质量)、生态过程创新(生产效率)与生态组织创新(组织效率)融合的能力(Renning，2000)。文献显示，通常生态创新的作用结果与生态创新类型密切相关，强调产品、过程与组织创新的发展与环境目标息息相关(Renning，2000)。生态组织创新通常不能够直接减少环境影响，但有助于实施生态过程并实现生态产品创新(Murphy & Gouldson，2000)。根据 IMPRESS 项目的研究结论，这三种生态创新类型对企业绩效的影响受到环境政策强度的调节，受不同的环境政策和政策执行情况影响，对竞争绩效与环境绩效影响的显著性会有所不同。由于环境政策的制定并不能提高企业环境绩效，只有在政策落实的情况下，企业才会对其关注，进而进行生态创新，逐步改善其环境绩效。环境政策类别与实施影响企业所处的市场环境，不同政策组合影响企业生态创新，进而影响企业的竞争力。

第五节　纺织企业生态创新的相关研究

通过梳理纺织服装皮革企业生态创新的相关研究，可将纺织企业生态创新归纳为六个方面，即产品设计、产品材料、生产过程、技术与过程材料、废弃纺织品管理、战略环境评价与供应链。

产品设计方面，有些学者研究企业通过设计可持续产品来减少对环境的影响(Farrer & Finn，2010)。纺织服装企业已开始通过产品设计提高产品可持续性。Gam et al.(2009)提出了从摇篮到摇篮的纺织设计理念,对纺织品设计师与制造商提供了实践指导。Fowler & Hope(2007)将关键外部利益相关者纳入企业产品设计发展的决策,在理论层面将生命周期分析扩展到产品管理战略层面。

产品材料方面,学者们研究如何使用非传统生态纤维替代传统纤维,如采用麻、竹子、菠萝、香蕉、大豆蛋白纤维、有机棉(Fowler & Hope,2007;Goldbach et al.,2003),以及其他从生物聚合物中提取的材料,来取代来自石油化工产品中的聚合物(Bogoeva et al.,2007)。此外,还有学者研究利用废弃物再造纤维,如利用废弃塑料瓶再造纤维(Shen et al.,2010)。

从产品过程、技术与过程材料方面看,生态创新主要是指新流程与技术,如纳米技术、等离子技术,以及减少污染与水资源使用、提高能源效率并减少污染的过程材料(Saravanabhavan et al.,2008),尤其是在纱线与纤维的染整过程以及皮革上色过程中,对染料与化学品的选择,采用替代品或减少其用量(Kumar et al.,2011)。

就废旧纺织品管理方面来说,在纺织服装皮革企业供应链中产生的废弃纺织品可分为消费前与消费后两个部分,也可理解为废旧纺织品包含"废"纺织品与"旧"纺织品。消费前废旧纺织品包括从纺织、纤维、皮革与服装产业产生的生产废料。这种纺织品废料被大量回收制成新的原材料,用于汽车、家具、靠垫、家居装饰、造纸与其他产业(Chen et al.,2006)。消费后废旧纺织品包括任何类型的纺织品,比如丢弃的衣物、鞋类、家居纺织品。消费者处置这类纺织品的方式不同,部分消费者会将其捐赠给慈善机构,但较为普遍的情况是被当成垃圾直接丢弃,随后与其他家庭垃圾一起填埋(Koch & Domina,1999),这一情况随着政府宣传引导,公众的环保意识与相关知识提高,正在逐步减少。越来越多的学者关注消费后废旧纺织品的可替代处理办法。

供应链方面的挑战主要是确保企业对环境责任实践的承诺,这不仅局限于单一企业,而是贯穿整个产业供应链。上游企业对供应商的环境要求与推进项目(Goworek,2011),以及有力的协作网络,都是鼓励供应商提高其可持续水平的方式(Fowler & Hope,2007)。随着越来越多的消费者对其购买商品的绿色认证要求,下游企业需要不断采纳绿色实践。这种形势下,商品标签不仅仅需要标示原材料来源,也需要写明与制造过程有关的信息(Styles et al.,2012),如有机棉、再生原材料制成。企业外部沟通系统对这些信息起着重要作用。

企业生态创新在纺织产业的研究起步比较晚,相关的系统性研究还比较少。Resta & Ciarapica(2014)研究纺织服装皮革企业供应链中的生态创新,将其分为产品与服务、供应链管理、生产过程、文化、管理与其他这六大类。在Resta & Ciarapica(2014)的研究基础上,Fani et al.(2016)将纺织企业生态创新分为产品、供应链管理与生产过程三大方面。

在对各产业中企业生态创新的维度研究方面,Hart & Milstein(2003)的研究指出,企业生态可持续实践可分为四大类:污染预防、产品管理、清洁技术与聚焦团体。Kurapatskie(2012)将这四大类企业生态可持续实践进一步划分为两类,即低序企业生态可持续实践与高序企业生态可持续实践。低序企业生态可持续实践包含污染预防与产品管理,这些行为都是对企业现有的产品与市场进行生态改进,属于渐进式创新;而高序企业生态可持续实践包含清洁技术与聚焦团体这两类实践,均强调进行突破式创新过程,进而形成新技术并创造全新的市场机会。

学者们对企业采纳绿色信息技术实践的意愿进行相关研究,分析该意愿是指将绿色信息技术嵌入企业的污染预防、产品管理与可持续发展战略。根据Hart(1997)的研究,污染预防聚焦于预防和控制生产与过程中以及过程后的污染排放;产品管理需要企业考虑在产品整个生命周期中其对环境的影响,包括原材料、产品设计与开发阶段。企业通过坚持可持续发展原则,能够逐渐减少非可持续实践,进而形成非污染、环境效率高以及低废弃物的新形势。

已有对纺织企业生态创新的相关研究中涵盖多种维度,划分角度也存在差异。经过梳理,Resta & Ciarapica(2014)的理论框架与 Hart & Milstein(2003)的理论模型虽然分析视角不同,但彼此互补。综合二者的理论模型,本研究初步对纺织企业生态创新的维度进行划分,包含产品、产品生产流程、产品管理与企业文化改进这四大维度。综合分析,纺织企业产品方面的生态创新主要涵盖产品原材料、产品设计、产品包装中的污染预防;生产流程方面,具体考虑在生产过程中对边角废料的处理、是否采用新能源或再生材料能源、是否落实减少废弃物的举措、是否利用废料产生能源、是否减少水资源使用、是否减少使用毒性与化学试剂；产品管理方面，是否获得环保认证、是否颁布生态生产过程原则、是否披露企业可持续发展报告、是否进行员工生态方面的培训；在企业文化改进方面，包括内部全员参与、推行可持续文化。

第六节　相关研究评述

环境政策研究方面，学者们主要围绕环境政策工具类别与作用，以及政策感知展开相关研究，当前研究主要集中于对环境政策的解读和梳理，针对纺织产业环境政策梳理及其政策效果的研究较为欠缺。从分析政策内容着手，深入剖析纺织产业环境政策工具特征，剖析政策分类与具体政策工具组合，能够在一定程度上完善环境政策的相关研究。生态创新的相关研究方面，学者们围绕生态创新的概念、维度与测量展开研究。纺织产业生态发展也得到国内外学者的关注，但针对纺织企业生态创新的相关研究还比较有限，围绕我国纺织企业生态创新的研究仍相对较少。基于访谈数据的定性实证研究能够对纺织企业生态创新行为细节进行描述与挖掘，但其相关研究还非常有限。在当前纺织产业面临较大的绿色转型升级的情况下，结合我国纺织企业的特点，分析纺织企业生态创新具体实践，将进一步完善对纺织企业生态创新行为的研究。

研究表明，政府监管对企业生态行为具有重要影响，环境政策对企业生态创新的影响是很多学者关注的重点。基于对纺织产业环境政策的系统分析，才能更有效地剖析环境政策对纺织企业生态创新的影响。更重要的是，政策干预的设计和时机对于减少纺织企业生态创新障碍和提高能源效率起着至关重要的作用。系统分析我国纺织产业环境政策是一项较大挑战。政策类型的相关因素，如政策强度和不同政策工具的组合，能促使纺织企业朝着有利于创新和减排的方向做出决策。

学术界围绕企业生态创新对绩效的影响仍存在争议，而且不同类型的生态创新的经济绩效不同，政府政策规定是否约束企业获得最大化内部收益的问题仍然需要进行深度分析。由于企业生态创新具体实践存在差异性，加之企业自身对政策感知的差异性，造成在同一环境政策背景中，不同企业生态创新的绩效不同。

本章小结

本章从生态创新、环境政策、环境政策对生态创新与创新绩效的影响以及纺织产业生态创新的相关研究进行梳理,现有研究中聚焦纺织产业背景下的生态创新相关研究比较有限。从纺织产业宏观环境政策到纺织企业生态创新行为以及企业绩效,其影响机理仍有待深度挖掘。本研究将尝试通过对中国纺织产业相关环境政策的全面系统分析,对现阶段已实施的环境政策工具进行深入剖析,为纺织产业环境政策聚焦与优化提供借鉴。并对不同环境政策工具对纺织企业生态创新产生的作用效果进行比较,探究纺织产业环境政策对纺织企业生态创新与其企业绩效的影响,从而加深对当前纺织企业的环境政策感知、生态创新与绩效之间的关系研究,以期补充和拓展有关环境政策、生态创新与创新绩效的相关理论。

第三章

基于内容分析法的纺织产业环境政策研究

本章研究内容主要分为四个部分:第一,在第二章文献综述基础上,通过内容分析方法深入探究我国改革开放至今的纺织产业环境政策;第二,结合环境政策相关理论,在环境政策内容分析的基础上,构建纺织产业环境政策二维理论模型,在此基础上分析经筛选后的 118 条纺织产业环境政策;第三,探讨近三十年来环境政策的演进过程与政策目标,通过内容分析方法分析纺织产业环境政策工具特点,并运用社会网络分析法剖析环境政策主体的协同度,并在政策内容分析的基础上,阐释我国纺织产业环境政策特征;第四,总结研究结论,提出政策建议。

第一节　内容分析法

内容分析法(content analysis)是一种在社会科学研究中采用的基于定性研究的量化分析方法(Bowen, 2009)。内容分析针对文本类、视频类或音频类内容,诸如报纸社论、电视新闻、广告、公众演讲等分析单元,进行系统化解释(Hayes & Krippendorff, 2007)。该方法能将定性的符号类型内容转变为系统的定量数据,通过统计数字描述分析结果,并从不同类型的信息中探求有意义的模型,以便挖掘现象下的本质(Graneheim & Lundman, 2004)。目的是通过对文献内容具体分析单元量的分析,找出反映文献内容一定本质又易于计数的特征,从而达到对文献的更深入认识。

本质上,内容分析法是扎根理论在政策分析中的实际应用。扎根理论研究方法在广泛、系统地搜集资料并进行三层次编码的基础上,通过对事件之间、事件与概念的不断比较,提出一个自然呈现的、概念化的、互相结合的、由范畴及其特征所组成的行为模式。

内容分析法的核心价值在于它强调人类认知中"话语"的重要性。通常认为一个特定的词或主题出现的频率是体现认知集中性或重要性的指标,所使用的词或主题的变化在一定程度上体现态度或认知的转变。福柯认为"话语"不仅是分析语言文本信息的基本单元,更与权利密不可分,话语一经产生就立即受到若干权力行使的控制、筛选、组织和再分配。公共政策决策是政府权力的施行过程,分析话语以及话语权是分析公共政策的根本和关键。通过比较政策文本的话语,不仅能够测度出相关政策之间的发展趋势,而且能够分析政策制定者的真实态度与其政策立场(费小冬,2008)。

趋势研究不是内容分析法的必要组成部分,但确是这一方法的精髓所在。内容分析法的特征或优势之一就是可以用来分析时间跨度较大的文本。运用到政策研究方面,一是可以纵向比较研究政策文本,评价政策的运行态势,进而考察政策的演进趋势,提出合理化政策建议;二是可以分析政策的文本话语,以探究政策制定者的价值走向,继而揭示政策背后的真实意图,探讨政策调整的触发机制(费小冬,2008)。

本章主要采用归纳法的视角,对中央政府纺织产业环境政策进行内容分析,目的是帮助政策制定者与实施者厘清政策实质内容,以确保政策的合理导向。因此,内容分析方法无疑是非常适用于本研究的。

多位作者认为内容分析一般需要按照五个步骤展开(Wickens et al.,2013),具体是样本收集→细化分析单元→形成分析类目组合→评判与记录→信度检验。本书收集纺织产业环境政策,并基于政策相关研究文献对其筛选,在对政策文本具体分析单元逐句研读的基础上,参考 Bowen(2009)对扎根理论中的内容分析方法论述,对收集的环境政策文本进行仔细分析并编码,通过重复迭代的方式提取各政策中的文本信息,形成较广的类目。结合纺织产业链特征,从环境政策工具和纺织产业价值链两个角度出发,构建了二维分析框架,然后将各个政策文本中的政策工具内容进行编码以定义分析单元,随后把符合分析框架的政策编号归入分析框架中进行频数统计,最后在量化分析的基础上剖析我国纺织产业环境政策在政策工具选择、组织与建构中所存在的过溢、缺失与冲突，对纺织产业环境政策进行深度解释，并给出相应的政策建议。

第二节　纺织产业环境政策研究设计与研究过程

一、纺织产业环境政策收集

中央政府层面颁布的政策反映国家利益、全局性利益，对地方政府制定相关政策提供蓝本，地方在制定相关政策时需要依照中央要求。因此本研究聚焦于中央政府层面如何推进纺织产业绿色发展，选择中央级政府层面颁布的纺织产业环境政策文本作为内容分析样本，对于地方政府颁布的环境政策不在研究范围内。本书所选取的环境政策文本均来源于公开的数据资料，主要从中央政府相关部委的官方网站和相关数据平台网站搜集。

为保证政策选取的准确性和代表性，按照以下原则对政策文本进行了整理和遴选：一是发文单位为国务院直属机构，二是直接与纺织产业密切相关，三是政策类型主要选取法律法规、规划、意见、办法、通知公告等体现政府政策的文件。

具体政策的搜集整理分步进行。首先，为了收集与纺织产业相关的环境政策，需要先对环境政策进行收集。在初始阶段，本研究从各个网站中收集我国从 1980 年至 2016 年底的全部环境政策。

根据第一条原则，本研究先在国务院与中央各部委的官方网站进行政策搜集，包括国务院、环保部、国家发展和改革委员会、财政部、工业和信息化部、商业部、国家能源局、水利部、科学技术部、税务总局、国土资源部等国家各部委官方网站。在这些网站进行政策收集后，本研究借助万方平台进一步寻找环境政策。万方数据知识服务平台涵盖了较全面的不同类型学术资源，其中包括中国法律法规数据库。借助该数据库进行环境政策相关关键词的搜索，寻找遗漏的环境政策。接着，寻找我国近几年出版的环境政策类书籍，尽可能完整地收集环境政策。通过多渠道政策收集，共得到 532 条中央政府层面的环境政策。

在收集这些环境政策后，按照原则二，需要选出直接与纺织产业密切相关的环境政策。为此，研究过程中多次通读 532 条环境政策的内容，采用关键词寻找与纺织产业相关的政策内容,为避免错过任何相关的环境政策,采用多个关键词,包括"纺织""纺织品""纺织印染""纤维""皮革""毛皮""棉""丝""羊毛""编织""废旧纺织品"与"废旧纤维"。在这一轮政策筛选后,梳理出 180 条与纺织产业相关的环境政策,并将各个政策内容存档,形成环境政策数据库,涵盖从 1989 年至 2016 年底的 28 年期间,由我国中央政府层面颁布的纺织产业相关环境政策。

环境政策研究通常会结合具体政策类型进行筛选,通常政策类型主要选取法律法规、规划、意见、办法、通知公告等体现政府政策的文件,不计入行业标准等文件。在政策内容分析的研究中,学者们普遍将政策工具单一的政策剔除,参照这些政策筛选方法,通读 180 条纺织产业环境政策后,剔除了仅仅包含单一或极少政策工具的政策,包括目录、产业标准、技术收集与推广以及政府对具体事项的回复。在整个政策收集与筛选的过程中,咨询多位政策研究与纺织领域的专家教授,随时调整并补充政策数据库。最终,本书梳理得到了有效政策样本 118 份,由国家环境保护总局、国家发展改革委、财务部、住房城乡建设部、工业和信息化部等 34 个机构联合或独立颁布的纺织产业相关环境政策。

二、细化分析单元

为了深入分析政策文本内涵,对 118 条纺织产业相关的环境政策进行多遍通读,对政策文本分析时先从政策工具角度着手,结合具体各个政策工具的内涵,分析各政策中的文本语句内包含的政策工具。政策文本分析中发现,不同政策文本的具体条目管控纺织产业的不同方面,因此政策文本不仅仅需要从政策工具的角度分析,还需要考虑其作用于纺织产业的具体哪些环节。单独一个政策中往往包括多种政策工具,因此需要将政策文本细化后再进行进一步分析。按照"政策编号—条目编号—次级条目编号"的编码方式细化分析单元,经过该步骤细化剖析,共得到 349 条政策文本分析单元,见表 3-1。

表 3 - 1　纺织产业环境政策文本分析单元（部分表格）*

政策编号	政策标题	政策文本分析单元	文本分析单元编号
1	饮用水水源保护区污染防治管理规定（1989 年颁布，2010年修订）	第十九条　饮用水地下水源各级保护区及准保护区内必须遵守下列规定：二、二级保护区内（一）对于潜水含水层地下水水源地禁止建设化工、电镀、皮革、造纸、制浆、冶炼、放射性、印染、染料、炼焦、炼油及其他有严重污染的企业，已建成的要限期治理，转产或搬迁。	1 - 19 - 2 - 1
……	……	……	……
3	中华人民共和国大气污染防治法实施细则（1991 年）	第二十条　因特殊情况确需在人口集中地区焚烧沥青、油毡、橡胶、塑料、皮革以及其他产生有毒有害烟尘和恶臭气体的物质的，须经当地环境保护部门批准，并设置焚烧炉集中焚烧。	3 - 20
……	……	……	……
118	关于落实《水污染防治行动计划》实施区域差别化环境准入的指导意见（2016 年）	（四）重点开发区。东陇海地区、江淮地区和长江中游地区。适时制定火电、钢铁、纺织、化工等产业的地方环境准入标准，严格涉危涉化建设项目环境准入，提高挥发性有机物重点排放行业环境准入要求；实施氮、磷总量控制，防范蓝藻水华爆发和水环境风险，确保饮用水安全。	118 - 3 - 4 - 1

资料来源：根据政策文本内容整理。

＊因篇幅有限，仅列举部分政策文本分析单元。

三、形成内容分析类别组合

内容分析通常聚焦于文本中的显著内容，即在文本中明确说明的内容。然而，有时需要对政策包含的潜在内容进行解释。定性内容分析方法的核心特点是形成分析类目（Graneheim & Lundman，2004）。本研究对基本书本分析单元进行分类的首要方法是根据其所属的政策工具，这一类别采用的定性描述变量包括强制型、市场型与自愿型政策工具。由于学术界对于不同政策工具的具体类别存在不同观点,本研究结合纺织产业环境政策内容与已有的环境政策研究,尽可能完整地选取政策工具。命令控制型工具包含标准、许可与审批、禁令、区域限制、使用限制以及污染治理检查;市场型政策工具包含罚款、补贴、环境税、出口环境退税与政府购买;自愿型政策工具包括信息公开、环境监测与评价、技术创新、道德教育、公众参与以及示范区/项目。

这些政策工具变量涵盖政策所包含的全部政策工具,但严格来讲,仅仅通过政策工具这一指标对政策文本进行内容分析并不能全面反映纺织产业环境政策特征,纺织产业特征对于纺织产业相关政策制定起着指导作用。有鉴于此,根据产业技术生命周期与产业价值链特征,纺织产业由四个阶段贯穿,分别为研发阶段、投资阶段、生产阶段与消费阶段。不同的环境政策作用于价值链的不同阶段,发挥差异化作用。综合分析后,将纺织产业价值链作为理论模型的第二个类别。将第一个类别"环境政策工具"与该类别组合,建立纺织产业环境政策二维分析模型,见图 3-1,其中 X 轴代表政策工具,Y 轴代表纺织产业价值链。

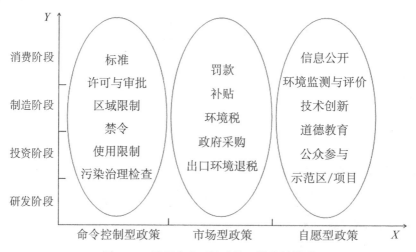

图 3-1 纺织产业环境政策二维分析模型

四、评判与记录

通过对政策文本的深度阅读,按照编号的政策文本分析单元内容,结合各个政策工具的具体内涵,本研究将 349 条政策文本分析单元分别一一归类并记录。在这一分析过程中,对每一条政策文本对应的纺织产业价值链不同阶段,即二维分析模型中的 Y 轴代表的类别,同时进行对照归类并记录。在完成了首次评判与记录后,形成初步的环境政策工具分布表。为提高内容研究的信度,一个月后对该表包含的政策文本条目再次逐一检查核对,确保政策文本分析单元归入其相应的环境政策工具与对应的纺织产业价值链阶段中。此外,邀请政策研究领域的两位专家一同检验核对,改进初表,形成了最终的二维纺织产业环境政策工具分布表,见图 3 - 2。由表中内容可见,349 条基本的政策文本分析单元涵盖包括命令控制型、市场型与自愿型政策工具,并涉及纺织产业价值链的所有阶段。

五、信度与效度检验

　　由于内容分析方法中编码的一致性和稳定性非常重要,信度分析是排除主观意见干扰,确保研究结果严谨性的重要指标。为了检验政策内容分析的可靠性,本书采用了编码者信度与编码者之间信度的双重检验。在首轮编码后的一个月内,重复测量所有政策分析单位,检验所得结果的稳定性程度。此外,为了确保分析的严谨性,并排除主观因素的影响,邀请了两位纺织和政策研究专家在第一轮编码中与作者同一时间进行编码,并随后同时进行政策内容文本评判,检验不同编码者之间所得结果的一致性程度。对内容分析的客观性主要是检验不同编码者之间的信度,定义为不同编码者分别对同样文本内容编码后,达到相同编码决策的程度(Rourke et al.,2001),最常用的测量方法是编码一致百分比。本研究中的信度计算公式是 Holsti(1969)提出的信度系数($C.R.$),进行编码一致性计算(Rourke et al.,2001),其公式为: $C.R.=3m/n1+n2+n3$,其中 m ＝三个编码人员同意的编码决定的数量; $n1$ ＝评估者 1 作出的编码决定的数量; $n2$ ＝评估者 2 作出的编码决定的数量; $n3$ ＝评估者 3 作出的编码决定的数量。根据信度系数计算,本研究编码者之间的信度为 1。在正常情况下,当可靠性系数高于 0.8 时,评估结果是可接受的(Kassarjian,1997)。因此,内容分析通过了信度检验。

Y	命令控制型政策						市场型政策				自愿型政策					
消费阶段		3-20			106-2-3	26-9-1-1,33-2-1-2,116-5-20			105-1-1		41-3-4-4-2-2，41-3-4-4-5，45-1-2，51-2-1，55-4-2-2,83-2,91-2-1	40-5-9	53-4-2-1-12-1，83-3-3-29	116-12-45-1	37-2-2-2-8,109-4-12,116-12-45-2	83-5
制造阶段	9-3-5，12-2，16-2，19-3-11，23-3-1-5-2，28-3-1-1，49-2-2,50-2-2-2，54-5-1-4，63-12-11,79-3-7-2,80-2-2,85-3-2-3-3,95-1-2-6,96-2,97-7,97-10,100-3,102-5-3,102-7-3-2，113-3-2-2	4-1,4-2，13-1，13-2，20-2,38-2-3-3，42-6，48-1-2-1,49-3-2-1,100-4,102-6-4,102-6-5,102-8-2,102-8-3,102-9-1	40-2-4,116-4-14-3,119-3-2	4-4，9-2，10-1-1，19-3-2，40-6-13,70-78,77-2-2,96-4-1,110-1-1-1	11-3-5-2，16-3-1，19-3-4，30-4-3-5-3	8-4-2，19-3-3，19-3-10，23-3-1-5-1，27-1-1-1，30-4-3-5-1,31-5-2-2-1,32-5-3-1-3,33-2-1-1,33-2-1-4,35-4-9-1,35-4-9-2，40-6-12，42-2，58-3-1-1,61-3-6，64-6,76-2,79-3-7-1，80-2-2，80-3-1-2，82-1，82-2-1,85-3-2-1,85-3-2-3-2,87-1-2,88-1-5-17,90-3-1-1,93-5-3,94-1-2,95-1-1-1-1,95-1-1-4,100-5,100-7-3,102-7-2,102-7-3-1,102-7-4,102-7-5,102-7-6,102-7-7,102-7-8,102-8-5,102-8-7,102-9-2,102-9-3,102-10-1-1，102-10-12，110-1-1-2,113-3-2-1,113-5-1,113-5-2,113-6-2,116-4-14-2,116-4-14-4,117-2-6-2,117-6-18-2	102-10-1-2，102-10-2，102-10-4，102-10-5，102-10-6，102-10-7，102-10-8，102-10-9，102-10-10，102-10-11	35-4-9-3,38-2-3-2，47-2-2-4-2，47-2-3-3,65-2-1,72-4-15-2,84-1-3,100-7-2	49-3-1-2,102-8-4-1，102-8-4-2，102-8-4-3，102-8-4-4，118-5-20,118-6-27,118-6-28-5,		18-1-2-1，18-1-2-2，18-1-3-3，18-3-2-2，30-4-3,33-1-2,36-1-2-3，46-1-4，54-1-1，54-5-4，59-2-2-1,66-5,71-3-3,71-3-4,85-1-3-2,90-3-1-2,94-2-14,94-2-2,100-2-1-4,100-6,102-4,102-8-6	19-1-4，23-3-1-5-3，27-1-1-3，27-1-1-5,34-3-4-1，49-2-3,49-3-4,49-3-5,54-5-1-2，54-5-1-3，56-2-2，57-4，61-2-2,69-13,72-4-15-1，80-4,90-3-1-4,100-7-1,101-1-3-3,101-2-3,102-8-1,110-3-9,113-3-2-3,117-2-6-1,117-6-18-1	14-11-2，14-11-3，16-3-2，19-2-1，19-2-2，19-2-3，19-2-4，19-3-5，19-3-6，19-3-7，19-3-8，19-3-9，19-4-1，19-4-2，19-4-3，19-4-4，28-13-10-1-2，28-13-11-1，29-4-2-1，30-4-3-5-2,31-5-2-2-2,34-3-4-3，44-3-9-11-1，44-3-9-11-3，49-3-1-1,49-3-3-2,53-4-2-1-10，60-5-18,71-3-2,79-3-6,96-4-3-2,102-5-2-1,103-3-10,113-3-2-4,113-5-2-3,114-3-2,116-2-3-1	34-2,34-3-4-2,49-1,49-2-1,52-1-2	18-4-2-1，49-3-6,53-4-2-1-12-3,89-6-20,99-5-3,115-1	38-2-3-1-1-1,38-2-3-1-1-6，53-4-2-1-12-2,96-4-3-1,104-1
投资阶段	7-4，9-3-3，15-8-2,102-5-1,102-5-2-2,102-6-2,107-3-2,107-7,116-2-3-3	2-5-2,6-3-2，9-3-2，9-3-4,33-3,49-3-2-2,49-3-3-1,67-4,67-8,68-1,68-2,71-3-1,75-8-2,85-3-2-3-1,85-3-2-4-1,85-3-2-4-2,90-3-1-3,95-1-1-1-2,96-3-1,102-6-1,107-4-1,107-6,116-4-14-1,117-2-8,119-3-3	73-2-6-1,73-2-6-3,78-2-18,119-3-4-1,119-3-4-2,119-3-4-3	1-19-2-1,5-22，6-3-1-3，9-3-1，17-45，48-1-2-2,70-42,73-2-6-4,95-1-2-5,116-2-3-2	43-2-6	10-2-1，21-4,33-2-1-3,33-2-2,102-6-3,107-5-4	5-33，102-10-3	27-1-1-2,49-3-2-3,73-2-6-6,74-2-7		39-2	14-11-0	21-2，21-3，21-6，22-2-3-1,111-1-1,111-1-2,112-1		74-1	21-5,73-2-6-5,99-5-3-3,108-3-16	73-2-6-2
研发阶段											53-1-1-2，53-4-1-2		14-11-1，18-4-1-1，24-4-5-30，25-3-3-4，28-13-4-3-9，28-13-8-3，28-13-11-2，29-4-2-2，44-3-9-11-2，81-3-6-3,86-5-4,91-2-1-4-2,92-4-1,98-4-2-1			
	标准	许可与审批	区域限制	禁令	使用限制	污染治理检查	罚款	补贴	环境税	出口环境退税	信息公开	环境监测与评价	技术创新	道德教育	公众参与	示范区/项目
																X

图3-2 二维纺织产业环境政策工具分布

　　关于内容分析的效度，本研究采用了常用的内容效度检验。首先，所有环境政策文本都是通过关键词搜索从中央各部委官方网站、公开数据库和相关书籍中收集得到，以提高政策收集的完整度。反复研读后，筛选出与纺织产业相关的环境政策，以确保所选样本具有代表性。其次，纺织产业环境政策工具编码表是基于已有研究形成的，因此具有良好的理论基础。第三，严格遵循编码过程，根据预编码结果确定分析单元，去除可靠性低、含义不清晰的指标项，进一步提高内容效度。最后，在编码过程中，所有编码者均认为这些指标能全面反映不同维度的纺织产业环境政策。因此，本研究对纺织产业环境政策的内容分析具有较高的效度。

第三节　纺织产业环境政策分析

一、纺织产业环境政策的演进过程

　　总体来看，我国纺织产业环境政策数量从 1989 至 2016 年呈增长趋势，见图 3-3。根据政策数量变化特征，分为三个阶段，第一阶段是从 1989 年至 2000 年的宽松监管时期，第二阶段从 2001 年到 2004 年，政策数量波动阶段，第三阶段是增强管制的 2005 年到 2016 年。在第一阶段，每年颁布的纺织产业环境政策数量波动不大，一直在较低水平徘徊。该阶段共出台 15 条相关环境政策，仅占总数的 12.71％。其中，最重要的环境政策是 1991 年国务院颁布的《中华人民共和国大气污染防治法实施细则》与 2000 年开始实施的《中华人民共和国海洋环境保护法》。从 1978 年实施改革开放政策以来，纺织产业也从计划经济向市场经济转变。这一时期纺织产业的迅速发展随之带来一些问题，比如重复建设与企业之间的恶性竞争，造成纺织产业多年发展放缓。经过多年的结构再调整与技术改进，到 1998 年该局面才有所好转。整个纺织产业在 2000 年进入快速发展阶段。

　　2001 年我国成为 WTO 成员，但直到这一年，纺织污染排放标准目标完成率仍比较低。当时，为提升纺织产业国际竞争力，适应国际市场对纺织品逐渐增长的需求，中央政府开始加强对纺织产业环境监管，在同一年颁布了《印染行

业废水污染防治技术政策》。2005—2016 年,中央政府进一步加强对纺织产业
的环境监管,颁布了 82 条与纺织产业相关的环境政策,占政策总数的 69.5%。
从 2001 至 2016 年,纺织产业环境政策数量呈现五年为跨度的周期性波动。在
2001、2007 和 2011 年,也就是"十五"规划、"十一五"规划与"十二五"环境保护
规划实施的几个年份,纺织相关环境政策数量相较于其相邻五年,达到峰值水
平。在每次中央五年环境保护规划颁布后,一系列纺织相关环境政策随之颁布
实施。纺织产业逐渐成为我国环境监管方面关注并投入相当努力的主力产业
之一。由图 3 - 3 可见,我国纺织产业环境政策演进过程一直在波动,但各波动
区间内的波动幅度在逐渐减小,可见相关政策数量正趋于平稳,在波动中趋于
稳步增长。

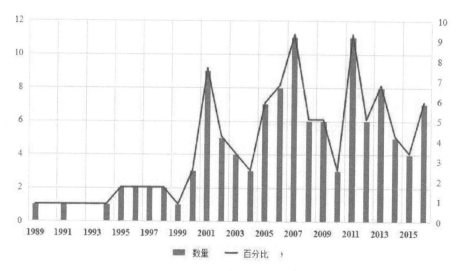

图 3 - 3   我国纺织产业环境政策数量

二、纺织产业环境政策主体的协同度分析

我国政府颁布的纺织产业相关的环境政策由 34 个中央层面各部委独立或
联合颁布(见表 3 - 2)。对各个年份政策颁布机构进行分析发现,各部委部门
联合颁布政策的比例和联合颁布部门的数量均随着时间的推移而逐年增多。
这说明我国政府在环境政策的制定过程中,逐渐重视不同部门间的协同作用,

政策发布主体越发多元化,通过发动各方面的作用来推动纺织产业生态发展。我国纺织产业环境政策的部门协同状况逐渐增强,其政策制定也逐渐由单一部门为主向相关部门联合为主转变。

表 3-2 纺织产业相关环境政策的颁布部门

颁布部门			
序号	部门	序号	部门
1	安全监管总局	19	监察部
2	保监会	20	建设部
3	财政部	21	交通运输部
4	地矿部	22	科学技术部
5	电监会	23	劳动保障部
6	工商总局	24	能源办
7	工业和信息化部	25	农业部
8	国家发展和改革委员会	26	人民银行
9	国家计委	27	商务部
10	国家经贸委	28	商业部*
11	国家科委	29	水利部
12	国家能源局	30	司法部
13	国家税务总局	31	卫生部
14	国家统计局	32	中国科学院
15	国家质量监督检验检疫总局	33	中国民用航空局
16	国土资源部	34	住房城乡建设部
17	海关总署		
18	环境保护部		

资料来源:根据政策文本内容整理。

注:商业部于 1993 年撤销,根据第八届全国人民代表大会第一次会议批准的国务院机构改革方案,撤销商业部与物资部,组建国内贸易部。

为了分析各部门政策颁布的协同度,本研究运用软件绘制网络图。首先分别统计每两个部门同时颁布政策的次数,编织成共词矩阵。矩阵中 m 行 n 列

的数据即为序号为 m 和序号为 n 的两个部门同时颁布同一政策的总政策篇数,中央层面的各部门共同颁布纺织产业相关环境政策的总频次为 482 次。将上述 34×34 的共词矩阵导入 UCINET 软件,借助 NETDRAW 功能,得到中央层面纺织环境政策发布部门的社会网络图,如图 3-4 所示。

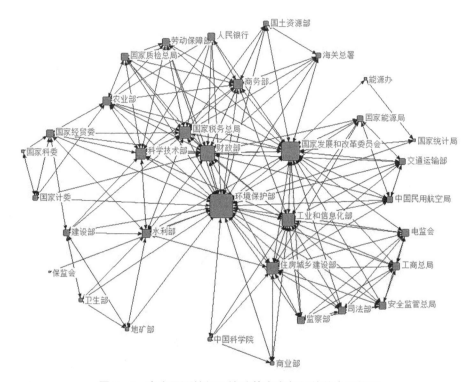

图 3-4   中央层面纺织环境政策发布部门的社会网络图

图 3-4 中各部门的节点大小表示与其共同颁布政策的部门数量,部门之间的每条线代表其连接的两个部门共同颁布政策一次。点度中心度是社会网络分析中表征节点中心度的常用指标。它反映了节点在网络中的地位和作用。在共词矩阵中,点度中心度越大,表示某个部门与网络中其他部门共同颁布政策的次数越多。在本研究中,点度中心度反映的是某个中央部委与其他部门是否共同颁布某条政策,反映的是在监管纺织产业生态方面参与度较高的部门。中央各部委参与颁布纺织产业环境政策的点度中心度分析结果见表 3-3,由点度中心度分析结果可以直观得出,第 18 个节点(环境保护部)点度中心度的

值最高,其绝对点度中心度是 76。根据点度中心度的定义,其含义是该节点与网络中其他 76 个节点有直接联系,也就是说,环境保护部曾与 76 个部门合作颁布过相关政策。其次是第 8 个节点(国家发展和改革委员会)和第 3 个节点(财政部),除了这三个部门之外,住房城乡建设部、工业和信息化部、国家税务总局和商务部的绝对点度中心度都不低于 20,这些部门在纺织产业环境政策中共同颁布的政策较多,有较高的部门间协同度。除了环境保护部致力于纺织产业生态发展,中央政府各部委在其职责范围内共同加强对纺织产业环保的监管。

表 3 - 3　中央各部委的点度中心度

序号	颁布部门	1 Degree	2 NrmDegree	3 Share
18	环境保护部	76.000	22.353	0.158
8	国家发展和改革委员会	49.000	14.412	0.102
3	财政部	42.000	12.353	0.087
35	住房城乡建设部	28.000	8.235	0.058
7	工业和信息化部	27.000	7.941	0.056
13	国家税务总局	26.000	7.647	0.054
27	商务部	20.000	5.882	0.041
29	水利部	18.000	5.294	0.037
22	科学技术部	17.000	5.000	0.035
25	农业部	15.000	4.412	0.031
10	国家经贸委	13.000	3.824	0.027
26	人民银行	10.000	2.941	0.021
23	劳动保障部	9.000	2.647	0.019
20	建设部	9.000	2.647	0.019
30	司法部	9.000	2.647	0.019
15	国家质检总局	9.000	2.647	0.019
12	国家能源局	9.000	2.647	0.019
19	监察部	8.000	2.353	0.017

（续表）

序号	颁布部门	1 Degree	2 NrmDegree	3 Share
5	电监会	8.000	2.353	0.017
9	国家计委	8.000	2.353	0.017
1	安全监管总局	8.000	2.353	0.017
6	工商总局	8.000	2.353	0.017
17	海关总署	8.000	2.353	0.017
33	中国民用航空局	7.000	2.059	0.015
21	交通运输部	7.000	2.059	0.015
14	国家统计局	6.000	1.765	0.012
16	国土资源部	6.000	1.765	0.012
32	中国科学院	4.000	1.176	0.008
28	商业部	4.000	1.176	0.008
31	卫生部	4.000	1.176	0.008
4	地矿部	4.000	1.176	0.008
11	国家科委	2.000	0.588	0.004
24	能源办	2.000	0.588	0.004
34	中国农业银行	1.000	0.294	0.002
2	保监会	1.000	0.294	0.002

三、纺织产业环境政策目标分析

在对政策进行深层解释时,研究者多从关键词或政策工具词频这两个角度入手。对关键词的分析又可分为三类:一是对政策标题进行关键词分析,二是对政策原则进行关键词分析,三是对政策全文进行关键词分析。一般而言,对政策标题的关键词分析可以得出关于政策目标的有效信息。本研究首先从政策标题着手,分析政策目标。

为探究我国中央政府层面的纺织产业环境政策目标,本研究分析了 118 条与纺织产业相关的环境政策标题中的关键词词频。运用 ROSTCM 软件分析关键词词频,在进行分词与词频统计排序后,首先删去部分关键词,如"关于""通知""组织"等不包含特定语义的政策常用词。接着,将内涵相近的关键词合并为同类,如"生态""回收""再利用""再生"和"绿色"归入同一类别,将部分关键词合并,如"能源消耗"与"高能源消耗"。在这些分析整理后,列出纺织产业环境政策高频关键词(见表 3-4)。

表 3-4 纺织产业环境政策高频关键词

数量	高频关键词	频率
1	环境	43
2	污染(水污染,污染物,污染源)	30
3	保护,环境保护	29
4	监管(审核,监测,评价,审批)	29
5	节能减排(高耗能,能耗,节能)	25
6	科技(高新技术,信息化)	16
7	防治	15
8	排放	15
9	企业,上市	14
10	资金(融资,贷款,信贷,资本金,审计,奖励,退税)	14
11	水质(长江,三峡,淮河,太湖,巢湖流域,水源)	13
12	可持续发展(生态,循环,回收,再生,绿色)	11
13	产能,过剩	8
14	废物,废水	8
15	资源(资源型,资源化,资源性)	6
16	印染,纺织	3
17	结构	3
18	大气,气体	2
19	清洁生产	2
20	电能	1

在这些纺织产业环境政策中,最高频率出现的前 20 类关键词都紧密围绕环境、污染、保护、监管与节能。中央政府层面出台的这些纺织相关政策主要致

力于保护环境,解决污染问题并加强政府监管,而节能相对这几方面只得到较少关注。中央政府重点关注技术改进与控制污染排放。可持续绿色循环发展也是出现频率较高的关键词,是纺织产业发展的主要目标之一。纺织产业的污染主要包括水污染、固体废弃物污染与大气污染。纺织企业排放的废水中含有大量有机物与染料(Renning,2000)。从表3-4可见,中央政府层面对水污染治理非常重视。然而,由关键词分析中可见,对大气污染的管控进程比较缓慢,而且对固体废旧纺织品治理的关注甚至更少。为进一步推进我国纺织产业可持续发展进程,应重视固体废弃物排放与处理,并逐渐将其回收、分类与处理进行规范化与流程化改进,提高全社会对其的关注度与参与度,逐步改变对废旧纺织品直接与生活垃圾一同丢弃的现象,以避免对自然环境造成更大的不可逆转的污染问题。

四、纺织产业环境政策工具分析

政策工具的词频分析可以视为对政策全文进行关键词词频分析的一种特殊形式,只是在这里将关键词限定为政策工具。作为公共政策研究的一个重要路径,政策工具反映了决策者的公共政策价值与理念。内容分析法作为一种基于定性研究的量化分析方法,通过一系列范式将政策文本转换为结构化的信息,既充分发挥了定性研究和定量研究各自的优势,又有效避免了单独使用定性文本挖掘方法或定量数量统计方法的缺陷,使政策分析更有说服力。

118条纺织产业环境政策中包含349条文本单元,其中全面涉及三类政策工具,即命令控制型工具、市场型工具与自愿型工具,同时涵盖了纺织产业链的五个阶段。由此可见,我国中央政府已采用多种政策工具组合来推动与管制纺织产业的环境问题,进而推进可持续发展的进程。

图3-5是纺织产业环境政策工具分析图。图中可见,在三类政策工具中,命令控制型工具是使用最频繁的,占所有政策工具的48.71%,自愿型工具比例也达到41.65%,而市场型工具使用较少,仅占9.75%。在命令与控制型工具中,环境污染治理(占38.24%)、许可(占24.12%)与标准(占17.65%)是政府最常用的三种政策工具,共占该类政策工具的80%。在自愿型政策工具中,技术创新占36.55%,尤其在近几年,政府逐渐加强对技术创新的推动,鼓励企业采

纳新技术。在该类政策工具中,环境监测与评价(占 22.76%)与信息公开(占 22.07%)也是较多使用的工具,而鼓励公众参与(占 8.97%)与道德建设(占 4.14%)在纺织产业环境保护方面没有较广泛使用。实际上,纺织产业与每位公民的日常生活息息相关,为促进该产业绿色发展,有必要加强对企业与个人的环保教育,帮助其意识到可持续发展的重要性,同时为他们参与环保行动建立有效的系统化渠道,成为绿色推动的真正参与者。除了这两大类比重较大的政策工具之外,还有市场型政策工具,但该类别仅占所有工具的 9.75%。中央政府对纺织产业还没有采用较为灵活的多种市场型政策工具。其中,罚款与补贴均占该类别的 35.29%,其次是环境税(占 26.47%)。政府采购是进行政府监管的工具之一,上述理论框架虽然已将其列入市场型政策工具中,但文本内容分析发现,349 条基本政策文本都未涉及政府采购。在纺织产业环境管理方面,政府仍有较大改进空间。

为考量政府对纺织产业环境发展的关注度,本研究对纺织产业价值链各个阶段的政策工具进行分析比较。整体来看,中央政府层面对纺织产业发展中的不同环节进行了不同力度的监管,其中研发阶段占 4.58%,投资阶段占 22.35%,对制造阶段的监管最密集,达到 67.05%,消费阶段的工具占 6.02%。研发阶段的监管是最少的,仅有 16 条基本政策文本针对该阶段。政府对消费阶段的管理也比较松散,仅有 21 条文本对消费者购买纺织品或服装之后的行为进行监管。在本研究涉及的年份中,政府对纺织产业环境方面的关注点主要集中在制造阶段,也是出现最多环境问题的阶段,而针对购后行为的规范非常少,而且主要集中在 2010 年以后。从近几年出现的回收项目与回收设施可见,政府对纺织品购后行为的重视度逐渐提高,如民政部与中国纺织工业联合会在 2014 年全国低碳日期间联合提出的专门针对废旧纺织品回收与再利用的行动项目"旧衣零抛弃"。随着中央政府层面相关政策的颁布实施,越来越多的个人、机构与企业参与到纺织品回收再利用的进程中。为促进纺织产业绿色循环发展,需要出台更多的相关政策,规范废旧纺织品回收、分类与再处理程序。

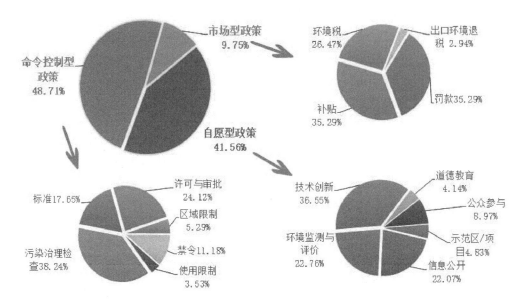

图 3-5 纺织产业环境政策工具分析图

五、纺织产业环境政策特征

当前纺织产业环境政策推进纺织产业向可持续发展方向转型,由政策演进过程可见,政府对环境问题十分重视。然而,若环境政策与生态环境的动态变化进程不能匹配,将造成无法预见的后果,并有可能促使资源使用者利用法律漏洞。纺织产业环境政策制定仍然面临挑战。

纺织产业中基本的环境问题是化学物质与大量废水的排放。其他主要问题是能源消耗、大气污染与固体废弃物污染。欧盟已对纺织产业的大气污染进行了很长时间的治理。然而,我国纺织产业相关政策重点规制水污染与排放治理,对其他重要环境问题(如固体废弃物污染与大气污染)的关注相对较少。

2011 年,我国废旧纺织品生产总量超过 2 600 万吨,综合利用仅有 230 万吨左右,利用率不足 10%。每使用 1 公斤废旧纺织物,就可降低 3.6 公斤二氧化碳排放,节约水 6 000 升,减少使用 0.2 公斤农药(Myfiam et al.,2002)。与原生材料的加工生产相比,废旧纺织品回收更节能环保。如果我国废旧纺织品都能得到有效回收,将可节约大量的耕地和原油,有效缓解我国纺织原料的对外依存度。纺织企业产生的大气污染也不容小觑,我国纺织企业废气排放量由2001 年的 7 万吨增加到 2011 年的 19 万吨。因此纺织环境政策需要进一步加强对固体废弃物与大气污染的防治,对环境问题进行全面监管,逐步实现生态文明。此外,相关政策中尚未强调清洁生产与新能源利用,而这两方面对纺织产业可持续发展也有很强的推动作用。纺织品购后回收是实现绿色循环发展的重要环节,国内外学者对此有较多相关研究。本研究显示,我国纺织环境政策中仅有 6.02% 对纺织品消费环节进行监管。国家发展改革委 2014 年中国资源综合利用年度报告显示,2013 年我国废旧纺织品产量高达 2 000 万吨,而废旧纺织品综合利用率仅为 15%。由于废旧纺织品分散程度高,单个家庭或个人回收量小,中央政府层面应加强对纺织服装产品购后回收的指导与监管,将废旧纺织品处理逐渐变为个人与企业共同参与的绿色行动,才能推进生态文明进程。

我国环境管理方面整体趋势是从传统的命令控制型环境规制到激励型政策工具转变,本研究对纺织环境政策深入分析显示,命令控制型工具、市场型工具与自愿性工具的比例差别仍比较悬殊。在促进纺织产业节能减排方面,我国较早使用的规制型政策比市场型政策的使用更为频繁,纺织政策总数中将近一半(48.71%)都是命令控制型工具。这与本研究的政策内容分析结果相似,命令控制型与市场型政策在我国纺织产业环境管理中还未能共同发挥协同促进作用。

在命令控制型政策工具中,污染治理检查占 38.24%。这个比重映射出较早的政策实施成效还比较弱,长此以往,很难扎实推进绿色发展进程。为逐步完善综合的纺织产业环境政策体系,各类不同政策工具的运用需要平衡协调,以发挥政策组合的整体作用。

在市场型政策工具中,罚款与补贴各占 35.29%。Hicks & Dietmar(2007)的研究显示我国政府曾为中小企业专项拨款以促进其参与绿色发展。然而,在本研究对纺织产业环境政策的深入分析后,未发现政府对该产业有相关政策。现有政策中的补贴措施主要针对新技术、清洁生产示范项目与饮用水源地污染治理项目。为鼓励更多企业参与绿色实践,政府可加大对纺织中小企业的相关补贴。Pereira & Vence(2015)在其研究中指出,排污收费是企业过渡到绿色发展中较为弹性的制度。在市场型政策工具中,环保税与排污交易制度是与企业生态行为关系最密切的,这两种工具在许多 OECD 国家也被广泛用于减少环境污染。然而,本研究结果可见,围绕排污权交易仅有四条基本政策文本。排污交易制度应当在中央政府层面的政策中逐渐采纳,以赋予企业在绿色发展进程中适当的灵活性。环保税方面,《中华人民共和国环境保护税法》已由中华人民共和国第十二届全国人民代表大会常务委员会于 2016 年 12 月 25 日通过,并自 2018 年 1 月 1 日起施行,对计税依据和应纳税额,税收减免和征收管理均有详细规定,政府正逐渐加强对企业绿色转型的多种监管。

自愿型政策工具占到全部政策的 41.56%,其政策工具组成结构还不均衡,整体反映出对鼓励公众参与的关注程度不够。技术创新在该大类中占 36.55%,在这 25 条政策文本中,14 条都是以意见或通知的政策形势颁布的,政策强度较低。政策强度与不同政策组合的实施有利于企业在生态创新方面的决策制定(Frondel et al.,2008)。技术创新政策工具的强度应该有所提高,同时政策中应该涵盖更明确的技术支持,以鼓励纺织企业自觉进行生态创新(Pereira & Vence,2015)。此外,企业通常在接受足够的制度支持后,才会更积极有效地披露其环保信息(Li et al.,2016)。信息公布这一政策工具只有在其他政策工具有效实施过程中,才能发挥应有的作用。这进一步说明优化政策组合的制定与实施的必要性与重要性。道德建设是自愿型政策工具中的重要工具类别,向公民普及提高生态意识的益处是有效整合环境、经济与社会职能的基础。然而,当前的自愿型政策工具特点是:自上而下的工具占该类型的 49.66%,包括环境监测与评价、信息公开与生态示范区/工程建设,而促进自下而上改进的工具,如鼓励公众参与和道德教育仅占该类别的 13.11%。Pereira & Vence(2015)指出,很多学者认为自下而上的政策工具对发挥企业自我约束力起着重要作用。企业环保意识的增强会刺激其对生态创新的需求,进而增强企业竞争力。显然,对个人与企业的道德教育需要在政策中得以加强。随着公民环保意识的增强,群众的环保理念与绿色需求将刺激企业不断寻求生态创新,这也是一些发达国家消费者与企业的现状,消费者能够发挥市场的推力,刺激企业进行绿色转型。

回到本研究的数据,群众监督相关的政策文本仅有一条,需要政府先加强对公民的绿色生态教育,逐步形成环保理念,并在政策层面鼓励群众对企业环保行为监督,参与绿色升级进程,进而发挥自下而上推进转型的作用。参与到环境保护实践中的角色类型越多,生态文明的推进就越顺畅。在该大类政策中,仅有一条文本是关于探索创新型环保服务的新模式,可见纺织产业技术支持与协同发展还有待进一步改进。政府应该继续制定并实施相关政策,促进不同机构协同有效地推广核心与常用技术。

第四节　纺织产业环境政策研究结论与政策建议

一、研究结论

本研究综合深入分析了从 1989 年至 2016 年这 28 年中我国中央政府层面的纺织产业环境政策。与前人研究比较,本研究的创新之处在于,对我国近三十年的纺织产业相关环境政策进行系统综合分析与评价。通过分析,找出纺织产业环境政策颁布的潜在规律,结合政策工具特点与政策组合构成来解释这些政策如何促进纺织企业生态创新,并揭示在纺织企业绿色实践中不同政策工具发挥的不同作用。研究表明,政策制定与政策特征对纺织产业环境政策成效起着重要作用,合理的政策能加深纺织企业对政策本质内容的理解。

政策演进过程显示,在经历 1989 到 2000 年纺织产业相对宽松的环境监管后,纺织产业环境政策数量随着我国纺织产业迅速发展上下波动,逐渐缩小的波动幅度显示环境政策正趋于稳定。对政策目标的分析表明水污染是现阶段的核心治理目标,而纺织产业的其他污染,如固体废弃物污染、土壤污染与大气污染仍需要在整合健全该产业政策体系中进一步得以加强。通过内容分析法,建立包含政策工具类型与纺织产业价值链的二维分析模型,中央政府层面的纺织产业环境政策涵盖了价值链的所有阶段,包括研发、投资、制造与消费。在本研究的时间段内,大部分政策是针对制造阶段,而仅有少量政策对消费阶段进行监管。在政策工具方面,命令控制型政策工具是最广泛使用的工具大类,市场型工具的使用频率最低,而自愿型工具的内部构成还不尽合理。

二、政策建议

分析各大类政策中的具体工具实施情况，并结合相关文献剖析后，本研究对纺织产业环境政策提出相应政策建议。第一，政府需要加强污染预防方面的监管。政策工具选择与实施反映管理逻辑。从政策内容分析可见，目前纺织产业管理模式以"规制—检查—处理"为主，污染预防的关注度大大低于污染治理检查。实现可持续低碳发展，需要政府加强源头监管，预防的作用大于检查治理。第二，需要调动企业与个人参与纺织产业绿色发展的主动性，加强企业自我监管，提高公众环保意识。本研究时段内，政府仍然是纺织产业生态发展的最主要推动者。纺织企业与个人在参与绿色转型进程中缺少一些灵活性，大多数生态创新是被动实施而非主动计划。本书研究年份显示，自愿型工具的现有结构还不能完全激励企业与个人参与，进而推进长期可持续发展。来自环保组织或协会以及公众监督的压力还不能够起到推动作用。尽管近几年政府加强对绿色环保理念的宣传，但绿色道德教育还没有引起广泛重视，纺织企业的自我监管仍然处于较低水平。

本章小结

本研究全面评估了我国中央政府层面的纺织产业环境政策，剖析了政策组合构成与政策工具特点，并揭示在纺织企业绿色实践中不同政策工具发挥的不同作用。政策制定与政策特征对纺织产业环境政策成效起着重要作用，合理的政策能加深纺织企业对政策本质内容的理解。未来纺织产业相关政策研究中，可进行环境政策的对比研究，探求更多推进政策实施有效性的依据，进一步完善我国纺织产业环境政策体系。

第四章

基于内容分析法的废旧纺织品政策研究

本章研究内容主要分为五个部分:第一,废旧纺织品问题及其管理现状;第二,废旧纺织品政策的相关研究与理论框架构建;第三,研究方法与数据分析,通过内容分析法深入探究 1991 年至 2017 年我国中央政府层面发布的废旧纺织品相关的环境政策;第四,结合环境政策相关理论,在废旧纺织品政策内容分析的基础上,构建废旧纺织品政策的三维研究框架,在此基础上分析经筛选后的政策文本;第五,探讨过去几十年中废旧纺织品政策的强度与演进特征,以及用内容分析法得出的废旧纺织品政策工具特征;第六,深入分析废物等级视域下的废旧纺织品政策以及废旧纺织品政策工具,在此基础上阐述研究结论,提出政策建议。

第一节　废旧纺织品问题及其管理现状

纺织产业大量使用水和化学物质,排出废弃物并影响生态系统,是污染最严重的行业之一。在过去几十年中,随着服装的消费量急剧增加,世界上大多数城市的纺织品废弃物急剧增加(Bukhari et al.,2018)。废旧纺织品属于可回收垃圾。但是,许多消费者仍不了解纺织品的可持续消费和处置方法(Mo et al.,2009)。根据 2016 年填埋纺织品垃圾的年度估计量,我国的填埋量达到人均 14.5 公斤,大量废旧纺织品最终被填埋,填埋量仅次于美国(人均 29.3 公斤),远高于欧盟 27 国(人均 9.6 公斤)(Bukhari et al.,2018)。每年,大量被填埋的纺织废料都会产生较强的污染并带来较大化学危害。废物管理过程中需要综合考虑环境、社会和经济因素,并进一步纳入政策体系,以实现可持续发展。由于民众通常认为纺织废料对环境的危害不大,而且废旧纺织品的回收价值目前还不太高,所以企业进入市场的动机很弱(Tojo et al.,2012)。废旧纺织品管理问题亟待解决。

随着我国经济快速增长,资源短缺与固体废物管理问题已经成为可持续发展的主要制约因素,衣物回收箱在部分城市推广使用。但数据显示,以上海为例,2012年从回收箱中回收的垃圾量仅占该市总废旧衣物的3%。同时,个人回收业务与小型回收企业仍是废旧纺织品领域最主要的参与者。纺织品消费后产生的废物,即废旧纺织品的回收问题面临一些挑战,如批量较小,分布较分散,分拣劳动强度大且较昂贵,纺织品中使用的不同纤维混合物更使得废旧纺织品的分拣和回收难上加难(Mo et al.,2009;Bukhari et al.,2018)。因此,为节约资源并减少废旧纺织品对环境的影响,建立并推进整合废旧纺织品收集与处理系统势在必行。废物综合管理的前提与基础是足够的技术支持与系统的政策法规,需要加强政府监管,制定切实有效的废旧纺织品政策。最近几年,我国逐步加强了纺织业资源循环利用的监管治理。

为有效减少废物产生,推进废旧纺织品管理体系的重要性逐渐凸显。学者们围绕该问题展开研究,探寻废旧纺织品管理方面存在的根本问题,指出需要采用更全面的方法设计新的废旧纺织品回收方法与政策。已有研究围绕纺织产业可持续的废物管理政策工具,逐步推进相关理论研究(Tojo et al.,2012;Watson et al.,2015;Dahlbo et al.,2017)。部分学者讨论了如何通过政策工具引导提高可持续性消费,并推进废物管理流程(Mont & Dalhammar,2005;Persson,2006;Finnveden et al.,2012;Finnveden et al.,2013;Söderman et al.,2016)。但在已有相关研究中,可用于考量纺织废物管理工具的政策选择以及政府是否履行环保承诺的研究寥寥无几,少有学者系统全面地研究纺织品废弃物相关政策的内容与特征。

为填补这一研究空白,本研究旨在系统地探索与评估我国废旧纺织品政策,帮助评估当前废旧纺织品政策体系并揭示现有政策中存在的问题,以期对可持续废旧纺织品管理起到一定推进作用。为实现这些目标,本研究分析评估了过去几十年中废旧纺织品政策的变化模式,并运用内容分析法研究其政策工具特征。本研究得出有效可靠的分析框架,对进一步研究循环回收有一定借鉴意义,对我国纺织企业了解废旧纺织品政策,改进废旧纺织品处置方式具有一定的参考作用,对加强纺织产业废弃物系统管理能起到一定的推进作用,并对其他工业化国家政府和企业健全废旧纺织品政策体系有一定借鉴意义。

第二节　废旧纺织品政策的相关研究与理论框架构建

一、废旧纺织品管理的废物等级与生产者延伸责任的相关研究

欧盟委员会(European Commission)2008 年颁布的《废物框架指令》(Waste Framework Directive)提出废物等级,明确提出了处理废旧纺织品最具成效的方法。根据废物等级,废旧品处理应该按照以下优先顺序进行,即预防、再利用准备、回收、修复与丢弃(EU,2008)。该指令适用于所有废弃物管理,在废旧纺织品管理方面尤其富有效果。基于指令内容,通过提高服装寿命和直接再利用,可最大程度地节省能源使用,并减少碳排放,也可通过慈善捐赠和材料回收再利用。随着逐渐加强纺织品再利用,监管机构对废旧纺织品的关注也随之发生了转变,对废旧品的处理更加强调使用高优先级的方式,降低直接丢弃的比例,尽量从源头控制废旧纺织品数量,这与欧盟该指令的内容相一致(Sandin & Peters,2018)。废物等级指出,有必要逐渐转变当前的废物处理方式,从填埋逐渐过渡到预防废弃物,并最大限度地进行再利用与修复,在采用这些方式且不奏效的情况下,才允许丢弃。

部分学者认为,由于不能保证最佳的环境治理效果,直接将废物等级运用于政策设计或有一定的局限性,遵循回收等级未必能最有效地节约自然资源。纺织品回收是指对消费前或消费后的纺织品废料或不织布材料和产品进行再处理,以用于生产新的纺织品或不织布(Sandin & Peters,2018)。产品回收包含五种方式:维修、翻新、再制造、解体拆用和回收利用,其中回收利用的再利用等级最高(Thierry et al.,1995)。"回收"一词通常仅指材料回收(EU,2008;Tojo et al.,2012;Sandin & Peters,2018)。

本研究所指的回收不包括能量回收和将材料再加工为燃料。回收路线的分类方式之一是闭环回收或开环回收(Sandin & Peters,2018)。闭环回收是

指将产品中的材料回收并用于相同的产品中(Sandin & Peters，2018)。开环回收是指将产品中的材料进行回收并用于另一种产品中的过程(Ekvall & Finnveden，2001)，在开环回收的几次迭代之后，许多材料已经失去了所有价值(Ewijk & Stegemann，2016)。另一种分类方法将纺织品回收路线分为降级回收(downcycling)和升级回收(upcycling)(Sandin & Peters，2018)。降级回收过程中的材料质量随着回收过程逐渐降低(McDonough & Braungart，2002)。与前文梳理的废物等级相关研究相比，废物等级对不同形式的回收利用类型并无区分，而结合回收路线实施方式监管废物处理，才能真正提升废旧材料回收利用率。

2016年，欧盟委员会提出了新的目标，将原有的废物框架指令替换为循环经济方案，成员国必须颁布生产者延伸责任(EPR—extended producer responsibility)的相关政策(EC，2014)。生产者延伸责任最常用于包装、电气和电子设备、汽车和电池等产品的回收、再生与处理(Tojo et al.，2012)。然而，到目前为止，生产者延伸责任政策在纺织行业还未被广泛采用。法国于2007年首次针对管理纺织品废弃物颁布了包含生产者延伸责任政策的法律框架(Bukhari et al.，2018)。

本研究将废物等级管理的相关研究总结为以下四点：第一，废物等级管理对于纺织业节能减排是有效的，其实施非常重要(Ewijk & Stegemann，2016)；第二，可以通过区分开环和闭环回收，提高废物等级的严谨度；第三，生产者延伸责任在纺织品管理方面仍较少实施；第四，仅通过废物等级来管理废弃物是不充分的，不足以实现整个经济中的能耗降低。运用废物等级框架时，需要通过具体政策内容对不同材料和处理方式加以限制，如禁止将特定材料和产品填埋，还需要对纺织品回收路线进行区分化管理，提升政策效力。

根据文献梳理与我国废旧纺织品管理情况，本研究的理论创新主要体现在以下四点：①废物等级是纺织品废物管理的重要原则(Palm et al.，2014；Watson et al.，2015)，因此将其作为深入分析的维度之一；②在回收利用这一废物管理层级的政策中，区分开环和闭环相关内容，从而进一步分析相关政策对资源效率的监管程度；③对废旧纺织品管理中的生产者延伸责任相关研究进行梳理，从而进一步完善废弃物管理理论；④结合差异化政策工具，如禁令与标准等,构建废物等级与政策工具结合的研究框架,深化废弃物管理理论。

二、废旧纺织品管理政策工具的相关研究

相较于使用单一政策工具,协调使用政策工具组合会产生更高的效力(Montevecchi,2016)。废弃物的产生和管理效果取决于全社会的努力,政府对相关行为的监管是影响废弃物治理的前提。部分学者研究了废物管理和回收的相关政策工具及其潜在影响。具体而言,废旧纺织品政策方面,Tojo et al.(2012)研究了预防纺织品浪费的政策,并列举了生产者延伸责任的相关政策工具;Watson et al.(2015)分析了提高北欧地区纺织品的再利用和回收利用的政策工具组合;Dahlbo et al.(2017)评估了纺织品回收利用的三种政策类型对纺织品回收的有效性、可接受性和成本的影响。相关研究中的大多数废旧纺织品相关政策工具都涉及生产者延伸责任。

基于此,为丰富该研究领域的内容,本研究进一步梳理了废物管理政策的相关研究,包括区域或国家的废物管理政策和政策工具(Lober,1996;Mont & Dalhammar,2005;Persson,2006),以及对废弃物预防与回收产生积极作用的政策工具(Finnveden et al.,2012,2013;Söderman et al.,2016)。此外,为建立适用于我国废弃物治理的分析框架,回顾了相关的重要政策工具,包括聚焦我国环境政策工具以及城市固体废物管理的相关研究(e.g.,Zhang et al.,2007;Wang & Geng,2012;Xu et al.,2016;邓集文,2013)。已有研究表明,为促进循环经济发展,在废物管理中需要综合使用包括行政、法规或强制型政策、经济型政策和信息型政策工具。与 Tojo et al.(2012)和 Mont & Dalhammar(2005)对废物管理政策的维度划分一致,本研究采用行政型政策工具、经济型政策工具与信息型政策工具三种类型划分废旧纺织品政策工具维度。行政型政策工具包括为完成某些任务而实施的各种措施,例如淘汰使用某些材料、禁止填埋的监管政策。经济型政策工具通常包括财务激励补贴、退税或税收。信息型政策工具包括信息的收集和提供(Tojo et al.,2012)。基于已有研究中政策工具类别与具体各个政策工具的含义与特征,对政策工具进行维度划分(见表4-1)。Watson et al.(2015)等学者研究了自愿型生产者延伸政策,而我国废旧纺织品管理领域几乎没有颁布这类政策工具,因此本研究的分

析框架未列入生产者延伸责任这一政策工具。

表 4-1　废旧纺织品政策工具的类别与特征

政策工具 类别	政策工具名称	政策工具特征/举例	文献来源
行政型 政策工具	禁令	例如,危险化学品禁令、垃圾填埋禁令、垃圾填埋限制、可燃与有机废物的填埋禁令	Mont & Dalhammar(2005) Persson(2006) Tojo et al.(2012)
	标准	例如,最低回收材料的含量标准、环境无害处理标准、环境质量标准、排放标准、产品/工艺标准	Persson(2006) Tojo et al.(2012)
	许可	例如,废物管理场所许可(许可程序)	Mont & Dalhammar(2005) Persson(2006)
	使用限制	限制在产品中使用某些物质	Tojo et al.(2012)
	废旧品治理检查	是指政府向污染企业或地区发布命令,要求污染者完成污染减排,实现治理目标	Zhang et al.(2007)
	再加工纤维强制标签	强制回收可回收材料,焚烧导致较低生命周期环境影响的材料除外	Finnveden et al.(2013) Söderman et al.(2016)
	商品含有毒化学品的强制标签	要求标记所有含有至少 0.1% 具有极高急性毒性、致敏性、高慢性毒性、致突变性或其他危险特性物质的商品	Finnveden et al.(2012) Finnveden et al.(2013) Söderman et al.(2016)
	罚款	超过污染物排放总量控制标准的企业将面临处罚	Zhang et al.(2007) Wang & Geng(2012)

（续表）

政策工具 类别	政策工具名称	政策工具特征/举例	文献来源
经济型 政策工具	补贴	包括鼓励污染控制的各类财政援助	Persson（2006） Zhang et al.（2007） Tojo et al.（2012）
	用于回收技术的投资拨款	投资总额和其他金融工具通常容易被企业接受，尤其是在企业起步阶段	Dahlbo et al.（2017）
	垃圾焚烧税	对焚烧可再生和不可再生材料垃圾征税	Finnveden et al.（2012） Finnveden et al.（2013） Söderman et al.（2016）
	初始原材料税	对包含较高原材料提取或使用相关外部成本的加工产品，则应加征原材料税	Finnveden et al.（2013） Söderman et al.（2016）
	危险物质税	对社会不能或不希望完全禁止的，但应尽量减少使用的危险物质征税	Finnveden et al.（2012） Finnveden et al.（2013） Söderman et al.（2016）
	差异化企业增值税	实施差异化企业增值税，降低企业服务领域的税收，有利于降低消费重新分配的环境影响	Finnveden et al.（2012） Finnveden et al.（2013） Söderman et al.（2016）
	差异化废旧品处置费	为废弃物分类详细程度高的企业与家庭征收较低的处置费用	Finnveden et al.（2013）
	将可回收材料纳入公共采购标准	该政策工具能够增加废弃物回收，但需要改变政府采购流程与操作环境	Dahlbo et al.（2017）
	押金偿还系统	已被欧盟多个国家采用	Tojo et al.（2012）
	技术创新信息	包括创新技术信息的收集和宣传	邓集文（2013） Xu et al.（2016）
	环境治理检查	环境监测与调查和信息工具的宣传和收集属性有关	邓集文（2013）

（续表）

政策工具类别	政策工具名称	政策工具特征/举例	文献来源
信息型政策工具	回收性与有毒性相关信息	该工具应明确说明收集需求,并说明应如何处理废旧纺织品,以及在何处交付这些纺织品	Lober(1996) Finnveden et al.(2012) Watson et al.(2015)
	消费者教育	旨在全面提高消费者的绿色消费意识	Mont & Dalhammar(2005)
	公众参与	提高公众参与率的措施,如提供路边收集和垃圾箱	Lober(1996) Zhang et al.(2007)
	生态示范区	生态示范区建设以市、县政府为主导,以社会—经济—自然生态系统为目标,以区域可持续发展为最终目标	Zhang et al.(2007)

＊注:污染治理监测是我国主要的行政型政策工具之一。罚款是我国环境保护政策中常用的一种经济型政策工具,例如,污染物排放总量控制标准是一种行政型政策工具,罚款是相应的经济型政策工具(Zhang et al.,2007)。

三、废旧纺织品政策研究的研究框架

基于对废物政策工具和废物等级的相关文献梳理,本研究建立废旧纺织品政策的三维研究框架(见图4-1),目的在于深入分析我国中央政府近年来颁布的废旧纺织品政策。图4-1中 X 维度是废弃物政策工具,包括行政型政策工具、经济型政策工具和信息型政策工具。Y 维度表示废物层次结构,即五种废物处理等级,包括废弃物预防、再利用准备、回收、修复和丢弃。Z 维度为时间轴,体现不同发展阶段特征。政策数量的变化体现废旧纺织品管理强度,有必要分析不同时期的政策内容,即废旧纺织品政策工具和废物等级特征,因此时间维度在后续分析中将与政策工具与废物等级这两个维度结合展开讨论。

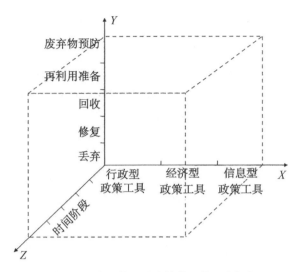

图 4-1 废旧纺织品政策的三维研究框架

注:X 轴表示政策工具,其中各类政策工具中具体包括的政策工具见表 4-1;Y 轴表示废物处理等级,根据第二章内容,回收包括开环回收与闭环回收,在本书研究的回收等级中,包含这两种方式;Z 轴为时间轴,根据政策数量变化情况与标志性政策颁布时间,将我国废旧纺织品政策发展阶段划分为五个阶段。

第三节 研究方法与数据分析

一、研究样本筛选

内容分析法是对文本、视觉或听觉内容的系统解读(Hayes & Krippendorff,2007),着重于探索文本的上下文含义,帮助人们从现象中探索发现本质(Graneheim & Lundman,2004)。该方法适用于政策研究(Peng & Liu,2016;Xu et al.,2018)。政府政策的内容分析可帮助政策制定者和实施者阐明政策实质,从而有目的地调整研究方向与政策方向(Haapanen & Tapio,2016)。当进行政策评论与描述的研究相关时,内容分析是最合适的研究方法之一。内容分析通常通过以下步骤进行:①选择样本;②细化文本分析单元;③确定类别方案;④判断和记录;⑤信度检验(Peng & Liu,2016)。

　　文本选择是内容分析法的第一步。为尽可能全面地收集我国中央政府层面的废旧纺织品政策,本研究仔细搜索了中央政府各个部委的官方网站,为避免遗漏任何相关政策,运用多个关键字进行搜索,包括"废纺织品""旧衣服/衣物""废衣服/衣物""废皮革""废毛皮""废纤维""废棉""废丝""废羊毛""再生纤维"和"再加工纤维"。并利用万方数据知识服务平台和中国法律法规数据库,搜索与废旧纺织品与废旧纺织品政策相关的关键词以补充相关政策。

　　此外,为提高政策收集的完整性,对环境政策汇编文献中的相关政策进行整理。首先结合具体政策类型进行筛选,通常政策类型主要选取法律法规、规划、意见、办法、通知公告或其他直接反映政府对纺织品废弃物态度的文件,不计入行业标准等文件。为确保政策筛选的科学完整性,在收集和筛选政策的过程中,咨询了两位纺织业政策研究的专家。初步形成废旧纺织品政策库的基础上,根据专家意见进一步调整并最终确定了废旧纺织品政策库。从 1991 年到 2017 年底,共选定了 51 项废旧纺织品相关政策,包含五种政策类型(见表 4 - 2),由 22 个机构独立或联合发布(见表 4 - 3)。

表 4 - 2　废旧纺织品政策类型

政策类型	法律	规划	意见	办法	通知公告	其他
数量	0	5	3	2	34	7

表 4 - 3　废旧纺织品政策的颁布机构

颁布机构	数量	颁布机构	数量	颁布机构	数量
工业和信息化部	13	中国纤维检验局	2	国家工商行政管理总局	1
国家环境保护局 * /国家环境保护总局 *	12	民政部	2	农业部	1
国家发展和改革委员会	10	国土资源部	2	财政部	1
商务部 *	7	中科院	1	劳动保障部 *	1
国家质量监督检验检疫总局	7	全国人大	1	中国人民银行	1
国务院	7	国家工商行政管理总局 *	1	国家税务总局	1

(续表)

颁布机构	数量	颁布机构	数量	颁布机构	数量
科技部	5	卫生部	1	中国人民银行	1
住房城乡建设部	3	中华全国供销合作总社	1	国家税务总局	1

＊注：政策研究时间跨度内涉及的部分机构更名情况如下：

国家环境保护局：1998 年变更为国家环境保护总局；商务部：前身是国家经贸委，2003 年 3 月 10 日，第十届全国人民代表大会第一次会议通过了国务院机构改革方案，决定撤销外经贸部和国家经贸委，设立商务部；科技部：1998 年，国家科学技术委员会更名为中华人民共和国科学技术部；国家工商行政管理总局：2018 年 3 月，将国家工商行政管理总局的职责整合，组建中华人民共和国国家市场监督管理总局，将国家工商行政管理总局的商标管理职责整合，重新组建中华人民共和国国家知识产权局，不再保留国家工商行政管理总局；劳动保障部：2008 年 3 月全国人民代表大会通过的国务院机构改革方案，劳动保障部与人事部合并为人力资源和社会保障部。

二、细化政策文本分析单元

每个政策文本中都包含多种政策工具。内容分析中的重要工作之一是通过深入分析各政策文本，结合政策工具特征，剖析政策文本语句内包含的政策工具，分析得出废旧纺织品政策的文本分析单元。由于某些条款包含多个工具，因此将这些条款分解为最小的分析单位，以确保每个条款仅包含一个政策工具。然后对各文本单元进行编码（基于"每个策略文本的策略编号特定术语/文章编号—序列号"），明确各分析单位。最终，在 51 份纺织品废物政策中共确定了 173 条政策文本分析单位。

三、形成类别方案和政策分析框架

定性内容分析的核心是创建类别方案（Graneheim & Lundman, 2004）。根据废旧纺织品政策三维研究框架（见图 4 - 1）并基于文本分析，首先确定政策工具维度，该维度包含三种类型，即行政型政策工具、经济型政策工具和信息型政策工具。随后剖析各文本分析单元的具体内容，并将文本内容与文献中的各政策工具特征进行比较，形成政策工具维度的类别方案。政府已出台的政策中包含部分文献提及的政策工具,如标准,也包含一些相关研究未提及的政策工具。在该分析步骤中识别出这些政策工具,并将其添加到政策工具维度的类别方案中,例如强制性回收可循环利用的材料,废弃物处理费和差异化企业所得税。在具体分析所有政策文本分析单元后,本研究调整并确定了废旧纺织品政策工具这一维度具体包含的类别,并分别列出各类别相应的文本分析单元示例(详见表4-4)。

表4-4 政策工具内容示例

政策工具类别	政策工具名称	政策内容示例(政策文本单元内容＊)	政策来源
行政型政策工具	禁令	不得将下列物质作为生活用絮用纤维制品的填充物:(一)被污染的纤维及纤维下脚;(二)废旧纤维制品或其再加工纤维;(三)经脱色漂白处理的纤维下脚、纤维制品下脚、再加工纤维	2016年《纤维制品质量监督管理办法》
	标准	生产的再加工纤维的卫生要达到产品标准规定的要求,参照《絮用纤维制品通用技术要求》(GB18383－2007)第4.2.1条的规定执行(即不得检出绿脓杆菌、金黄色葡萄球菌和溶血性链球菌等致病菌)	2008年《再加工纤维质量行为规范(试行)》
	许可	从事废旧服装及其他废旧纤维制品回收的单位、站(点)必须依法经工商行政管理部门登记注册,获得许可证	2002年《关于印发絮用〈纤维制品禁止使用原料管理办法(试行)〉的通知》
	使用限制	内芯材料以纤维性工业下脚料或用其加工的再生纤维状物质为原料的,必须经过高温成型(热熔)、消毒等工艺处理	2004年《印发〈弹簧软床垫生产加工企业监管规定〉的通知》

（续表）

政策工具 类别	政策工具 名称	政策内容示例 （政策文本单元内容＊）	政策来源
行政型 政策工具	废旧品治理 检查	对销售工业下脚料、废旧服装及其他废旧纤维制品、再生纤维状物质等产品的集中交易市场或者集散地，省级经贸管理、卫生、工商、质检等有关部门应当每年定期组织联合检查	2002 年《关于印发〈絮用纤维制品禁止使用原料管理办法（试行）〉的通知》
	再加工纤维 强制标签	以纤维制品下脚或其再加工纤维作为铺垫物或填充物原料的，应当按照规定在标识中对所用原料予以明示说明。非生活用絮用纤维制品除依法标注标识外，应当按照国家规定在显著位置加注"非生活用品"警示	2016 年《纤维制品质量监督管理办法》
经济型 政策工具	罚款	未对原辅材料进行进货检查验收记录，或者未验明原辅材料符合相关质量要求以及包装、标识等要求进行生产的，责令改正，并处以三万元以下罚款	2016 年《纤维制品质量监督管理办法》
	补贴	补助地方项目情况：（四）社会公益类项目 社会捐助体系建设和捐赠废旧纺织品综合利用子项目，5 000万元	2016 年《2015 年度本级彩票公益金使用情况公告》
	废旧品 处置费	严格落实医疗废物处置收费政策（含一次性使用的感染性废物，包括一次性医疗治疗巾、皮肤清洁巾、擦手巾）	2016 年《国务院关于印发"十三五"生态环境保护规划的通知》，其中该条目涉及的"医疗废物"具体范围见国家卫生和计划生育委员会于 2003 年颁布的《医疗废物分类目录》
	差异化企业 所得税	以 100％的废弃天然纤维、化学纤维及其制品为原料生产的造纸原料、纤维纱及织物、无纺布、毡、黏合剂、再生聚酯生产的再生资源，其生产企业享受资源综合利用现行税收优惠政策中的企业所得税	2010 年《中国资源综合利用技术政策大纲》

政策工具 类别	政策工具 名称	政策内容示例 （政策文本单元内容＊）	政策来源
信息型 政策工具	技术创新 信息	征集范围　废弃电器电子产品、废旧橡胶及轮胎、废旧金属、废玻璃、废塑料、废纸张、废旧纺织品、废矿物油、建筑及农林废弃物等再生资源综合利用技术	2013 年《工业和信息化部办公厅关于征集再生资源综合利用先进适用技术的通知》
	环境治理 检查	2004 年全国环境保护及相关产业基本情况调查填表指南，包含企业回收、综合利用再生资源生产的产品情况（含各类废旧纺织品与废旧纤维）	2005 年《关于印发 2004 年全国环境保护及相关产业基本情况调查实施方案的通知》
	回收性与 有毒性 相关信息	倡导减少固体废物，积极参与垃圾的分类回收。分类投放处要设有明显的、易理解的分类说明标志。分类参考 A：废纸回收桶、废塑料和废纺织物回收桶、废金属和废玻璃回收桶和废弃物回收桶。分类参考 B：可回收垃圾桶、不可回收垃圾桶。可回收垃圾指废纸、废塑料、废金属、废玻璃和废纺织物等	2004 年《关于进一步开展"绿色社区"创建活动的通知》
	消费者教育	加强对消费者关于纺织制品再循环利用的宣传教育	2012 年《纺织工业"十二五"规划》
	公众参与	动员全社会参与节能减排（四十五）推行绿色消费。倡导绿色生活，推动全民在衣、食、住、行等方面更加勤俭节约、绿色低碳、文明健康，坚决抵制和反对各种形式的奢侈浪费。开展旧衣"零抛弃"活动，方便闲置旧物交换	2016 年《国务院关于印发"十三五"节能减排综合工作方案的通知》
	生态示范区/ 生态示范项目	前述对有关单位和企业实施生活垃圾强制分类（分类要求中废旧纺织品被列为可回收物）的城市，应选择不同类型的社区开展居民生活垃圾强制分类示范试点，并根据试点情况完善地方性法规，逐步扩大生活垃圾强制分类的实施范围	2017 年《国务院办公厅关于转发国家发展改革委住房城乡建设部生活垃圾分类制度实施方案的通知》

＊注:由于有些政策文本单元内容较长较细致,鉴于篇幅关系,因此该表中的部分政策文本内容举例是基于原政策文本的总结。

四、信度与效度检验

由于内容分析法依赖于编码的一致性和稳定性,为排除主观意见的干扰,确保研究结果的严谨性,必须进行信度检验。为了检验政策内容分析的信度,本研究采用双重检验,包括检验编码者稳定性的重复检验以及编码者之间的信度检验。在第一轮编码之后的一个月,参与首轮编码的评估人员对所有政策分析单元进行了二次分析检验,以测试分析结果的稳定性。此外,为了确保分析的严谨性并排除主观因素的影响,首轮编码时特别邀请了两位纺织行业和政策研究领域的专家,对政策文本进行独立分析。内容分析的客观性主要通过编码者之间的信度检验,即各编码者对相同内容进行独立编码,最终得出编码结论的相似度(Rourke et al.,2001)。

最常用的编码者之间的信度检验方法是编码一致性,本研究的信度计算方法基于 Holsti(1969)提出的信度系数($C.R.$),进行编码一致性计算(Rourke et al., 2001),其公式(4-1):

$$C.R. = 3m \ / \ n1 + n2 + n3 \qquad\qquad (4-1)$$

其中 m＝三位编码者同意的编码决定的数量;

$n1$＝编码者 1 作出的编码决定的数量;

$n2$＝编码者 2 作出的编码决定的数量;

$n3$＝编码者 3 作出的编码决定的数量。

根据信度系数计算,本研究编码者之间的信度为 1。在正常情况下,当可靠性系数高于 0.8 时,评估结果是可接受的(Kassarjian, 1997)。因此,内容分析通过了信度检验。

研究的效度检验方面,本研究采用了常用的内容效度测试方法。首先,根据官方政府网站、数据库和相关环境政策书籍中的关键词搜集废旧纺织品政策,以尽可能提高政策的完整性。通过筛选并分析所有政策,以确保所选政策样本的代表性。其次,基于已有相关文献,建立废旧纺织品政策工具编码表,确保研究框架具有良好的理论基础。再次,内容分析过程中,严格遵守编码过程,根据预编码结果确定分析单元,去除了信度低、含义不清的指标项,进一步提高了内容有效性。最后,在编码过程中,经所有编码者再次确认,这些指标全面反映了不同维度的废旧纺织品政策。因此,本研究对废旧纺织品政策的内容分析具有较高的效度。

第四节 废旧纺织品政策的特征

一、废旧纺织品政策的强度与演进特征

可持续性转型的背景下,政策强度是非常重要的一项指标。政策强度可体现一项政策工具的目标与设计意图(Rogge & Reichardt,2016)。不同部门颁布的废旧纺织品政策强度有所差异,需要测量每项政策的具体强度。根据 Libecap(1978)的测量方法,本研究根据政策的类型与政策颁布机构来测量废旧纺织品政策强度。为确保政策强度测量的准确性和有效性,咨询了专门从事政策研究的专家,并确定了纺织品废物政策强度的评估标准(见表4-5),据此标准测量了各项废旧纺织品政策强度。

政策数量和政策强度的变化反映了政府监管的方向以及总体进度。1991年至2017年期间政策数量和政策强度的变化如图4-2,根据政策数量的阶段性变化与标志性政策的颁布时间,将废旧纺织品政策的发展过程分为五个阶段(见表4-6)。在研究年份,政策强度一直处在较低水平,表明废旧纺织品政策的影响还比较弱。

表4-5 废旧纺织品政策强度评价标准

政策强度	评价标准
5	全国人民代表大会及其常务委员会颁布的法律
4	国务院发布的规定和各部委颁布的部令
3	国务院发布的暂行条例和各部委发布的法规和规定
2	各部委发布的意见、措施和暂行规定
1	通知

表 4 - 6 废旧纺织品政策发展的五个阶段与政策特征

年份	政策数量		政策强度		特征
	总量	平均值	总量	平均值	
1991—2000	3	0.3	6	2	1991 年国家科学技术委员会（1998 年已变更为科学技术部）最初提议政府应支持废旧纤维的利用。废旧纺织品在获得批准和许可后允许进口（国家环保局，1994；国家环保局，1998）
2001—2005	7	1.4	8	1.1	重点规范废旧纤维再加工。国家环境保护总局初步提出建立绿色社区的计划，强调固体废弃物的分类、收集和处置（国家环境保护总局，2004）
2006—2010	9	1.8	14	1.6	加强废旧纤维的处理监管，重视废旧纺织品处理技术与纺织产业转型升级
2011—2015	23	4.6	27	1.2	政府发布更多废旧纺织品处理标准与建议方法；重点关注废旧纺织品相关的技术信息收集与引导（工业和信息化部，2013a；工业和信息化部，2013b；工业和信息化部，2015a）和生态示范项目（国家发展改革委，2014a；国家发展改革委，2014b；国家发展改革委，2014c；工业和信息化部，2015b）
2016—2017	9	4.5	14	1.6	建立异地垃圾长效封堵体系，制定固废回收升级改造方案（国务院，2017b）。国家质量监督检验检疫总局发布通知，进一步加强监管（国家质量监督检验检疫总局，2016）

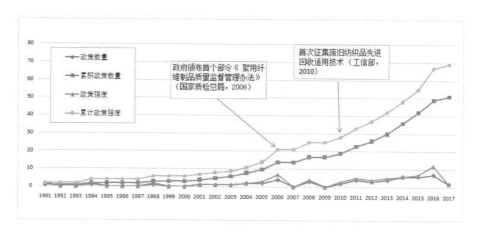

图 4 - 2　废旧纺织品政策数量与政策强度(1991—2017)

二、废旧纺织品政策工具的特征

通过深入阅读,将 173 个废旧纺织品政策文本分析单位按政策工具类别划分,并分析废物等级维度,根据废物等级的预防、再利用准备、回收、修复、丢弃五种方式的定义,仔细对照分析文本分析单元内容,并归入对应的五种类别中,确定了各单元对应的废物等级中的相应级别。在确定各个分析单元对应的两个维度后,形成废旧纺织品政策工具文本单元的二维分布,并随之记录各类别中包含的政策工具数量(分析结果详见表 4 - 7)。

总体而言,这 173 份政策文本分析单位分别涵盖了三种类型的政策工具,并涉及废物等级的各个级别,这表明中央政府已采取多种措施来激励和规范废旧纺织品管理。值得注意的是,在废物等级方面,与回收相关的政策文本分析单位达到了总量的 93.68%。但是,该层级的政策文本单元内容都围绕开环回收,监管的对象是进行降级回收的废旧纺织品。为探究政策变化情况,本研究从五个阶段分析废旧纺织品政策工具的特征(见图 4 - 3)。

1991 年到 2000 年,中央政府在废旧纺织品管理方面仅实施了许可证和技术创新信息两种政策工具。在第二阶段与第三阶段,主要实施的是行政型政策工具。而从 2011 年到 2015 年,信息型政策工具成为主要政策工具类型。2016年到 2017 年,政策工具种类达到历史峰值。近年来,政府对减少废旧纺织品检查的关注逐渐增加。经济型政策工具方面，为减少废旧纺织品，自 2016 年起，政府开始对部分企业实施补贴，并基于重量对垃圾焚烧征税。从 2011 年开始，政府一直强调公众参与，以提高公众对纺织品的回收利用意识，同时建立生态示范区和一系列生态项目，鼓励纺织企业发展。

1991 年到 2017 年期间，政府一直致力于加强废旧纺织品管理，政策工具的多样性逐渐增加。90 年代，中央政府层面较少颁布相关政策，废旧纺织品管理还未系统实施。根据本研究收集的相关政策数据，2000 年、2007 年与 2009年，中央政府未颁布废旧纺织品相关政策。政策连续性不强，持续监管力度不足。部分废旧纺织品由于其性质，不宜再加工利用，必须销毁，如医疗废弃物中包含的部分纺织物。由于部分年份没有实施相关政策，监管的松懈容易引致阶段性的废旧纺织品管理低效，部分纺织品再加工企业与絮用纺织品生产商寻找政策中的漏洞，违法再加工废旧纺织品，将劣质再加工纺织品投放市场。这种情况在政府增强监管后得以解决。

表 4-7　废旧纺织品政策工具的二维分布（X 轴—Y 轴）

政策类型	政策工具	废弃物预	再利用准	回收	修复	丢弃	总量	百分比（%）	合计
行政型政策工具	Standards *	0	0	31	0	1	32	18.39	
	Licenses *	0	0	9	0	1	10	5.75	
	Bans *	0	0	27	0	1	28	16.09	101
	UR *	0	0	3	0	0	3	1.72	（58.38%）
	WAI *	0	0	26	0	0	26	14.94	
	MLoRM *	0	0	2	0	0	2	1.15	
经济型政策工具	Penalties *	0	0	8	0	0	8	4.6	
	Subsidies *	0	1	0	0	0	1	0.57	11
	WDF *	0	0	1	0	0	1	0.57	（6.36%）
	D-CIT *	0	0	1	0	0	1	0.57	

（续表）

政策类型	政策工具	废弃物预	再利用准	回收	修复	丢弃	总量	百分比（%）	合计
信息型政策工具	IoTI＊	0	0	23	1	3	27	16.09	
	EMS＊	0	0	2	0	0	2	1.15	
	IaRaH＊	2	0	1	0	0	3	1.72	61
	CE＊	0	0	2	0	0	2	1.15	（35.26%）
	PP＊	0	1	17	0	0	18	10.34	
	EA/EP＊	0	0	9	0	0	9	5.17	
总量		2	2	162	1	6			
百分比（%）		1.15	1.15	93.68	0.57	3.45			

＊注：Standards＊—标准；Licenses＊—许可；Bans＊—禁令；UR＊（Usage restriction）—使用限制；WAI＊（Waste abatement inspection）—废旧品治理检查；MLoRM＊（Mandatory labeling of reprocessed materials）—再生材料强制标签；Penalties＊—罚款；Subsidies＊—补贴；WDF＊（Weight disposal fee）—废旧品处置费；D—CIT＊（Differentiated CIT（Corporate income tax））—差异化企业所得税；IoTI＊（Information on technical innovation）—技术创新信息；EMS＊（Environmental monitoring and survey）—环境治理检查；IaRaH＊（Information about recyclability and hazardousness）—回收性与有毒性相关信息，CE＊（Consumer education）—消费者教育，PP＊（Public participation）—公众参与，EA/EP＊（Ecological area/projects）—生态示范区/生态示范项目。

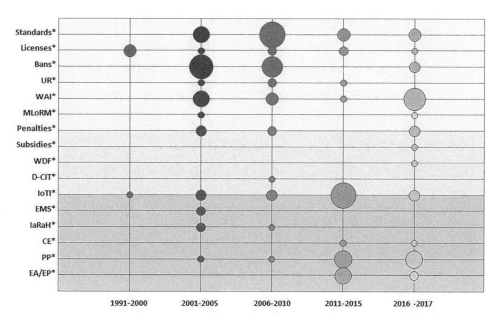

图 4 - 3　废旧纺织品政策工具在五个发展阶段中的变化(X 轴－Z 轴)

＊注：Standards ＊－标准；Licenses ＊－许可；Bans ＊－禁令；UR ＊(Usage restriction)－使用限制；WAI ＊(Waste abatement inspection)－废旧品治理检查；MLoRM ＊(Mandatory labeling of reprocessed materials)－再生材料强制标签；Penalties ＊－罚款；Subsidies ＊－补贴；WDF ＊(Weight disposal fee)－废旧品处置费；D－CIT ＊(Differentiated CIT(Corporate income tax))－差异化企业所得税；IoTI ＊(Information on technical innovation)－技术创新信息；EMS ＊(Environmental monitoring and survey)－环境治理检查；IaRaH ＊(Information about recycleability and hazardousness)－回收性与有毒性相关信息；CE ＊(Consumer education)－消费者教育；PP ＊(Public participation)－公众参与；EA/EP ＊(Ecological area/projects)－生态示范区/生态示范项目。

第五节　废旧纺织品政策分析

一、废物等级视角下的废旧纺织品政策分析

　　循环经济中,垃圾填埋和垃圾焚烧对环境危害较大,而再利用和循环利用则会促进经济发展(Ewijk & Stegemann,2016)。我国大多数相关政策都强调

对"回收"的监管,规范再加工纤维和絮用纤维制品产品的质量,包括国家质量监督检验检疫总局 2002 年颁布的《关于印发〈絮用纤维制品禁止使用原料管理办法(试行)〉的通知》,2006 年颁布的《絮用纤维制品质量监督管理办法》,2016 年颁布的《纤维制品质量监督管理办法》以及中国纤维检验局于 2008 年颁布的《再加工纤维质量行为规范(试行)》。在这些政策中,2016 年颁布的《纤维产品质量监督措施》的政策类型是部令,具有较高的政策强度,这表明中央政府层面废旧纺织品的治理力度在加强。这些政策的实施逐渐改善了废旧纺织品回收利用。

但是,由政策内容分析可知,政府一直以来重点关注开环回收。而开环回收和降级循环中,为了二次使用废弃物,通常需要添加更多的化学物质(McDonough & Braungart,2002),这意味着从生态角度来说,材料的回收再利用并未实现良性循环。为了绿色循环发展,需要在产品设计之初就考虑如何回收再利用的问题(McDonough & Braungart,2002)。分析政策内容,2002 年之前,中央政府还未实施针对废旧纤维再加工管理的规范或禁令,也没有出台与回收相关的法规。在遵循政策规定的注册程序情况下,允许进口部分种类的废旧纺织品(国家环境保护局,1994;国家环境保护总局,1998)。而部分经营者利用政策漏洞,进行违法经营废旧纺织品的行为。一些受污染甚至有害的废旧纤维被重新加工成絮用纤维产品,市场中出现了一些"黑心棉"。这极大挫伤了公众对废旧纺织品回收再利用的信心。基于当时的形势,中央政府必须采取强有力的措施,以有效地管理此类回收,因此主要实施了开环回收相关的废旧纺织品政策。

为加强废旧纺织品管理,推进可持续发展,政府需要将监管重点从聚焦回收利用向控制源头过渡,即逐渐减少废旧纺织品产生量,具体措施包括推行减少废旧纺织品的项目、建立衣物维修店和健全二手货市场(Montevecchi,2016)。此外,一些发达国家的经验表明,通过推广并有效实施生产者延伸责任,可增加消费后废旧纺织品的回收利用。通过本研究收集的政策文本数据分析,生产者延伸责任相关的政策在我国纺织品废物管理中仍较少采用,1991 年至 2017 年,我国仅颁布了两项与生产者延伸责任相关的政策,均由国务院于 2016 年颁布实施。政府可以通过逐步增强生产者延伸责任的相关政策,进一步完善废旧纺织品监管体系。

二、废旧纺织品政策工具分析

我国废旧纺织品政策包含三种政策工具类型,即行政型政策工具、经济型政策工具和信息型政策工具,分析相关政策文本,三类政策工具的实施情况存在较大差异。为建立有效的回收体系,尤其需要系统地规划政府监管、税收优惠和补贴方面的法律法规(Mo et al.,2009)。这三种类型的政策工具在废旧纺织品管理中的协调作用仍需增强。行政型政策工具方面,颁布频率最高的政策工具是标准、禁令与废旧品治理检查。为规范絮用纤维的生产,大多数禁令和标准在 2001 年至 2010 年之间颁布。中央政府层面的废旧纺织品政策强度不断提升,逐步清理了非法絮用纤维制品生产与销售,规范废旧纺织品市场。强制性回收在提高废旧纺织品回收率方面较为有效,在全国范围内将该措施纳入废旧纺织品管理体系,将更有利于政策效力提升。

现有政策中较少使用经济型政策工具,其中补贴、废旧品处置费和差异化企业所得税这三种政策工具仅各使用一次。在该类型政策工具中,罚款使用最多,主要用于惩罚废物等级中从事回收相关活动的非法制造商,如制造贩卖"黑心棉"的企业。将经济型政策工具与信息型政策工具组合运用,如将废旧品处置费与信息宣传活动、废物收集体系相结合,更有可能激励企业与个人规范废弃物丢弃行为,从而降低废弃物总量。为推进废旧纺织品管理,需要实施更为灵活的经济型政策。

我国已实施的废旧纺织品政策中,最常用的政策工具是技术创新信息,鼓励并收集先进回收技术。无论是升级回收,还是重新回收消费后的废旧纺织品并用于新产品生产中,技术创新都起到重要作用(Bukhari et al.,2018)。当前这仍是制约我国废旧纺织品管理的主要因素。2011 年以来,政府进一步加强推进废旧纺织品回收技术,收集综合利用回收技术,发布产业通用技术指南。国家工业和信息化部发布了五项相关政策,包括 2011 年颁布的《"十二五"产业技术创新规划》,2012 年颁布的《纺织工业"十二五"规划》,2013 年颁布的《关于印发〈产业关键共性技术发展指南(2013 年)〉的通知》《工业和信息化部办公厅关于征集再生资源综合利用先进适用技术的通知》以及 2015 年颁布的《关于印发〈产业关键共性技术发展指南(2015 年)〉的通知》。

居民参与垃圾分类对提高废弃物综合管理系统的效率至关重要(Montevecchi, 2016)。2011 年以来,政府广泛鼓励公众参与,逐渐全方面推动绿色社区的发展,包括宣传垃圾分类标准和指南,以鼓励居民更加自觉地进行垃圾分类。鼓励相关研究机构关注纺织品回收领域的相关技术。然而,我国废旧纺织品利用率仍然较低,只有建立健全有效的管理体系,才能有效发挥各政策工具的作用。若各种废弃物混合丢弃,那么投放于社区的废物分类设施就如同虚设。解决这些问题,关键需要居民个人增强环保意识与责任感,自觉进行环保行为,与政府管理部门共同努力。

为提高居民环保意识,我国政府已颁布一些消费者环保教育相关的政策,但当前居民对纺织品回收的认知度仍然较低。废旧纺织品回收难度主要体现在分散分布且收集规模较小,为改善其收集回收,需要加强消费者废旧纺织品相关知识的教育,将垃圾分类方法标准化并宣传推广使用,合理选址并设置统一的废弃物回收设施。通过协调各职能部门,逐步建立综合的废旧纺织品废物处理系统,以优化废旧纺织品回收流程,切实有效地推进纺织产业绿色循环发展。

第六节　废旧纺织品政策研究结论与政策建议

一、研究结论

本章系统地分析了我国废旧纺织品相关政策的发展和特点,深入解析了1991 年至 2017 年我国中央政府层面发布的废旧纺织品相关的环境政策,并论述了其发展过程与特点。通过建立三维分析框架,对该问题进行全面探讨,采用内容分析法,得出以下结论。第一,自 2001 年引入更严格的废旧纺织品管理以来,政策数量逐渐增加。虽然我国政府从 2010 年开始不断加强该方面监管,但政策强度仍然处于较低水平。第二,我国中央政府发布的废旧纺织品政策涵盖了废弃物处理等级的各个层级,其中大多数政策旨在规定废旧纺织品的回收层级相关处理方式,尤其集中于开环回收,只有少数政策针对废弃物处理等级中的更高层级,即废弃物预防与再利用,而监管这些层级,才能从源头缓解废旧纺织品问题,并有效促进纺织产业循环发展。第三,废旧纺织品政策工具类型高度不平衡的情况正在逐渐改进,近年来废旧纺织品政策工具的多样性达到峰值。在政策工具方面,主要采用命令型政策工具,而经济型政策工具发挥的作用最小。信息型政策工具主要作用于促进技术创新,以及综合利用再加工资源方面。自 2011 年以来,行政型政策工具的主导地位发生了转变,中央政府更广泛地采用信息型政策工具。具体来看,为促进纺织产业可持续循环发展,政府越来越注重废旧纺织品相关的先进技术开发推广,并鼓励公众参与废旧纺织品回收。

在政策工具方面,中央政府对纺织业实施的主要是行政型政策工具,而经济型政策工具发挥的作用最小,信息型政策工具主要聚焦于技术创新,以促进后处理资源的综合利用。自 2011 年以来,行政型政策工具的主导地位发生了变化,信息型政策工具得以愈发广泛的实施。政策工具变化趋势表明,为促进向纺织产业循环发展,政府越来越关注先进技术,并鼓励公众参与。在分析每种政策工具的实施情况之后,本研究提出了优化废旧纺织品政策的建议。

废旧纺织品管理的制度失灵体现在硬制度失灵与软制度失灵两个层面。硬制度失灵主要指正式制度存在不足、缺失,或不适应纺织产业绿色循环发展的政策需求,主要体现在国家层面支持废旧纺织品的法律法规密度较低,相关政策法规的系统性规划、政策适用性和结构合理性有待改进;软制度缺失则指缺乏支持纺织行业绿色发展的社会规范、价值观、文化等非正式制度,如纺织企业高层管理者与员工环境保护意识与社会责任感薄弱,公众对废旧纺织品回收的相关知识认识不足,对废旧纺织品为原料再制造的纺织品需求有限。硬制度与软制度的不足仍需不断改进完善,为纺织行业绿色循环发展营造一个良性制度环境。

二、废旧纺织品政策建议

废物等级方面,预防、再利用准备、回收、修复和丢弃这五种处理等级对环境的污染程度逐级增加。结合废弃物的监管,政府需设计并颁布更多支持较高废物处理等级的政策,包括针对废弃物预防与鼓励废物再利用的相关政策。引导企业在产品开发之初融入回收理念,鼓励相关企业与广大居民提高废弃物重复利用的比例,以减少废弃物总量,并降低废弃物的复杂度,例如出台支持生产者延伸责任与推广居民生态教育的相关政策。政府在纺织产业绿色循环方面发挥着最主要的推动作用(Xu et al.,2018)。建立有效的废弃物管理体系,需要实施生产者延伸责任的相关政策,明确生产者、使用者、主管部门和废弃物相关管理人员职责范围。此外,当前的监管重点仍围绕回收利用环节,需要将重点逐渐转移到废弃物预防方面。政府与相关部门应从产品设计之初展开审查监管,以减少废弃物产生,而不仅仅关注废弃物的末端解决方案。已有相关政策更多地强调对企业环境违规行为的处罚,使部分企业迫于被惩罚的压力,不得不遵守法规,而较少奖励主动采取绿色循环实践的纺织企业。为提升废旧纺织品治理成效,政府可通过实施激励政策,鼓励居民改变废弃物处理行为,并鼓励企业采用标准化的纤维处理方式,这将进一步促进对自然资源的合理循环利用,并激发"自下而上"地创造性解决环境问题的方式。

本章小结

本研究全面评估了我国现行的废旧纺织品政策,剖析了这些政策对纺织企业和公众参与的影响,并系统分析了政策对应的废旧纺织品废物等级特征,结合废物处理等级的污染程度分析提升废旧纺织品回收利用效率的政策优化方案。本研究可加深纺织企业对废旧纺织品回收利用实质的理解,促进废旧纺织品管理体系的发展,并可以为其他新兴国家的废旧品回收利用管理提供参考。本研究仅从决策者的角度进行了分析,围绕政策对企业和公民的实施效果的分析有限。在未来的废旧纺织品政策研究中,政策背景、利益相关者和政策团体之间的差异值得进一步探讨,围绕废旧纺织品政策工具的比较分析也将为政策有效性的发挥起到推进作用。

第五章

基于扎根理论的纺织企业生态创新维度
与作用效果研究

对生态创新的相关研究已经有三十多年,但针对纺织企业生态创新的研究非常少,相关研究主要来自国外学者,而且还没有形成系统性的理论。我国纺织企业生态创新的理论与实证研究寥寥无几,缺少对我国纺织企业生态创新维度进行系统化的理论与实证研究,企业生态创新实践的示范作用有限。本章研究重点是探究纺织企业生态创新实践过程中的具体维度及其作用关系。本章研究内容主要分为五个部分:首先,讨论扎根理论特征及其在本研究中的适用性;第二,制定研究方案,论述如何展开本研究;第三,通过数据收集与数据处理描述研究过程,通过纺织企业高层管理人员展开深度访谈,收集企业生态创新维度与作用结果的相关数据;第四,运用扎根理论对资料进行编码分析,对访谈文本内容进行范畴挖掘与提炼;最后,在扎根理论视域下,构建纺织企业生态创新维度与作用效果模型。

第一节　扎根理论方法概述

质性数据分析(qualitative data analysis-QDA),其本质是阅读理解基础上的语义统计。自 2010 年起,质性数据研究整体呈增长趋势,但国内外专门针对质性数据分析方法的学术文献总数还比较少(李政等,2018)。

在文献梳理后发现,国内外对纺织企业生态创新的维度还没有成熟量表,因而本研究拟采用扎根理论方法进行结构探究。扎根理论(grounded theory)研究方法的正式提出,始于 Barney G.Glaser & Anselm L.Strauss 于 1967 年出版的《扎根理论的发现》(*The Discovery of Grounded Theory*)一书(Glaser & Strauss, 1967)。Strauss & Corbin(1997)将扎根理论定义为:"一种运用体系化的程序,针对某一现象来发展并归纳式地导引出扎根理论的一种质性研究方法。"扎根理论研究方法有别于内容分析,其目的并不在于把质性资料转为量化资料,而是一个诠释资料的过程。不同于内容分析是先有符码,再依此分类资料并计算其数量分布。扎根理论强调要从资料中浮现与建立符码(毕恒达,2013),关心的是主体经验如何抽象化为理论的层次,以建立社会情境与过程之间的因果关系(毕恒达,2013)。

在运用扎根理论方法进行研究时,不能竞相去验证其他学者的理论,强调要避免受到既有理论框架的限制,在未获得一手资料之前,不可先入为主地臆测,而是深入实地收集资料,经过反复思考比较与分析,从研究资料中归纳提炼出概念和范畴并构建理论,其研究的逻辑在于发现的逻辑(logic of generation),而非验证的逻辑(logic of verification)(林本炫,2003)。扎根理论具有以下特色:其一,扎根理论被定位为较为科学的质性方法,希望透过遵循实证主义精神的科学原则,来说服量化的社会科学家,质性资料也可以被严谨、体系性地进行分析。其二,扎根理论秉持象征互动论的传统,强调对社会的了解应基于当事人的日常生活经验与自我认知。扎根理论是对原始资料进行开放式编码从而归纳、提炼概念与范畴,进而上升到理论的一种自下而上的质性研究方法。该方法尤其适用于研究行动者的经验(毕恒达,2013),扎根理论方法适用于对纺织企业在实践中的生态创新维度与成效进行探索性研究,符合研究目的。

在扎根理论研究方法中,虽然使用该方法时不能去验证其他学者的理论,但不能采取完全开放的研究议程(毕恒达,2013)。也就是说,不能抗拒在研究初期暂时性地设定研究方向或提出具体的研究问题,否则很可能导致研究结果充斥着随机选取、漫无重点的描述性资料。即使不阅读文献,任何研究者的心智感受都不可避免地铭刻着先前的知识与经验。对于研究对象的认知、对资料的了解,相当程度上仰赖先存的知识与经验(Glaser & Strauss, 1967)。在本研究进行扎根理论方法深入分析前,先对纺织产业生态创新的相关文献进行梳理,在研究初期制定研究方案,为开放式访谈与半结构式访谈制定计划。

第二节　研究方案

本书希望通过扎根理论,探究涉及纺织企业生态创新的两个问题,即"纺织企业生态创新包含哪些具体措施? 纺织企业实行生态创新的成效如何,对企业的主要影响是什么?"为了寻求这两个问题的答案,扎根理论的有效实施是基础。Charmaz(2008)主张,脉络化的扎根理论能够考察到个案的历史独特性,也能以权力、差异等概念作为出发点进行研究,她建议收集更多元的资料,如纳入文献与档案分析,来扩充扎根研究的范围。扎根理论通常仰赖的方法不只是深度访谈,也包括田野观察。林本炫(2003)指出,对扎根理论来说,深度访谈、田野观察与资料分析、文献阅读是一个"不断交错进行、呈螺旋状向上攀升的过程"。基于这些学者的观点,本研究采用开放式访谈、半结构化访谈获取数据,并结合二手资料收集、现场观察这些不同的数据收集方法,通过多样化的信息和资料收集渠道,交叉验证研究数据和信息,提高研究的信度和效度。

20 世纪中后期,伴随个人计算机的普及,计算机辅助质性数据分析系统的运用在逐渐增多,如 NVivo,QDA,Miner 等。近几年在人文社科研究领域运用较多的质性分析软件是 NVivo。美国 QSR 公司在 1999 年研发出第一版 NVivo 软件。NVivo 软件能够协助研究者完成文字、图片、声音甚至视频等资料的收集、整理分析以及呈现工作,可以增进质性研究的严谨性(习勇生,2017)。本研究选择 NVivo 11.0 作为扎根理论分析的计算机软件工具。

对扎根理论来说,资料必须经过消化、整理、比较,也就是编码(coding),又称"译码"(林本炫,2003)或"登录"(徐宗国,1996)。Strauss & Corbi(1997)在《质性研究概论》一书中,致力于将编码的过程陈述得更为明确与具体。他们区分出三个不同的编码过程:开放式编码(open coding)、主轴式编码(axial coding)与选择性编码(selective coding),这也是应用最广泛的程序化扎根理论。本研究通过这三个过程挖掘范畴并提炼模型,其中开放式编码阶段,摒弃个人偏见对原始资料进行转录,随后进入编码的方向较明确、较具选择性与概念性的主轴编码,以一个范畴为主轴,重新组合成一个融贯的整体,以及在范畴中区分出不同的次范畴。最后进行选择性编码,将在资料涌现的所有概念类属中选择一个核心范畴,并将其与其他范畴类属等进行连接,构建包含纺织企业生态创新维度关键指标的模型。

第三节　研究过程

一、数据收集

样本选取方面,起初选取样本主要考虑典型抽样与样本的可得性,尽可能接触到纺织行业不同分支的企业,包括化纤、纺织、印染、成衣加工生产,辅料生产企业。通过多种方式尽可能多地扩展联系范围,走访相关联系人与纺织企业,包括通过浙江理工大学外派到地方的老师帮忙牵头,联络到有较多校企合作经验的老师,进而争取到参加纺织行业校企合作对接会议的机会,在会议间隙主动询问参会企业的生态创新情况,并留存企业联系方式,到企业走访。通过亲友以及人脉资源尽可能多地联系相关企业,也通过政府相关部门的工作人员帮助联系到杭州市纺织协会会长,有更多相关资源,进而与企业取得联系。在多个渠道的努力下,与三十多家企业高层取得联系。在初次与这些企业交流时,主要采用开放式访谈的方式,以获取该企业生态创新相关的基本情况,询问企业负责人"请问贵企业在生态环保方面有创新吗"。由于近几年国家与地方政府对生态创新的管控加强,在与企业接触中发现部分纺织企业对环保问题比较敏感。有些企业对该问题回避,也有部分企业表示其对于生态创新关注较少,还有几位纺织设备制造企业的负责人表示没有相关生态活动。经过首轮的开放式访谈后,其中的 12 家企业同意围绕其生态创新活动进一步开展深度访谈。在首轮开放式访谈中,企业的反馈表现出,虽然国家与地方政府都在加强纺织产业生态创新推进,但是部分企业资源有限,而且有些企业高层考虑更多的是企业自身短期收益。这 12 家参与深度访谈的企业,由于企业要求,需要保护其信息,故不能公开企业名称。样本企业包括两家丝绸企业,一家化纤企业,四家纺织企业,五家成衣加工企业,企业涵盖纺织行业的多个分支,部分样本企业是其所在领域的领先企业。

在正式深入访谈之前,先进行了必要的准备工作。首先,访谈前建立初步认知并确定具体访谈对象。这个步骤的准备工作是为了提高研究的信度与效度。正式深度访谈之前，先对样本企业初步认识，收集包括企业相关文献与档案记录的二手资料。具体通过以下方法：在企业官方网站了解企业基本信息中涉及生态的相关信息；通过学术文献检索与样本企业相关的学术文献，文献库含有对部分样本企业的相关研究；主流媒体报道、文献资料等积累二手资料，对被访企业形成初步认识。具体包括，通过官方网站了解企业发展历程；在中国知网学术文献总库检索与样本企业相关的学术文献；在线查阅有关企业生态创新方面的主流媒体报道。正式访谈之前联系样本企业时，对研究项目进行简单说明，提出需要对企业生态创新情况掌握全面的中高层管理人员进行访谈，每个样本企业选择一位深度访谈对象。最终参与深度访谈的被访者都在企业有较长工作时间，对企业信息掌握全面，工作职能与本研究内容高度相关，有利于获得生态创新维度的详细信息。访谈前尽可能收集有关被访者的材料，分析被访者能否提供有价值的材料，同时尽量取得被访者的信任和合作。

随后，在前期准备的基础上进行半结构化访谈。根据研究问题，与研究成员一起对样本企业的12位中高层管理人员进行了一对一的半结构化访谈，每次访谈时间约为一小时。获得被访对象同意后，对整个访谈进行录音，同时尽量记录访谈中的关键信息。依据扎根理论研究对概念不作界定、从数据中提炼范畴的研究理念，围绕核心议题询问企业信息，但同时避免只凭主观印象，或谈话者和调查对象之间毫无目的、漫无边际的交谈，提前准备好访谈计划。本研究以"纺织企业生态创新维度构成"为核心议题，主要围绕纺织企业现有生态创新实践情况，企业中高层对生态创新的理解，企业如何将生态创新融入日常管理并改进生态创新这些方面深入采集信息，访谈所提问题尽量简单明了，易于回答，同时根据被访对象所在公司的特点与规模，斟酌并随时调整具体提问方式与用词选择，主要访谈问题包括：①您对绿色创新/生态创新是怎样理解的？②您目前所在企业的创新主要有哪些？③您觉得贵企业的哪些做法与生态创新比较相符？④您觉得企业可以从哪些方面对生态创新做出改善？⑤生态创新对企业作用效果如何？扎根理论反对的是从"大理论"或已然成型的理论假设发问，但不反对以具有理论意义的概念为出发点进行探索，以获取覆盖面更广的信息。在访谈过程中，对被访对象描述的内容中浮现的新概念，随时以开放式问题跟进,获取更全面的信息,比如当被访者提到"我们注重建立绿色企业文化",随即询问"通过哪些方面建立起来这种绿色文化?"进行展开。

深度访谈之后,参观样本企业的车间与相关展示,对访谈中的关键点仔细观察记录,并在企业允许范围内查看内部报刊和手册,了解内部真实情况,验证研究数据与信息。

二、数据处理

在获取企业数据后,及时根据各企业的访谈录音分别创建访谈内容脚本。借助 NVivo11.0 软件的"转录模式"功能,听录音的同时转录为文本,随时暂停回放并对比录音,以获得准确的脚本。随后梳理访谈记录中的关键信息,对疑问之处通过电话、信息再次与样本企业进行沟通,请他们补充相关信息。把所有样本企业的访谈信息按照不同个案保存在 NVivo11.0 软件中。Charmaz(2008)指出,"扎根理论的原则提供给你的是处理素材的把手,而不是替你做工的机器"。在对各样本企业依次进行访谈的过程中,同时对其访谈内容进行解读,有些访谈对象在探讨某一问题时会谈及前一个问题,对其进行补充,不同问题的回答有交叉,因此对每次访谈的谈话脚本先进行初步文本整理,再对所有文本进行编码。

NVivo 11.0 软件中有自动编码功能,但有学者对完全依赖计算机编码存有异议,如 Charmaz(2003)认为研究者依赖质性计算机软件进行资料分析与编码时,容易导致资料的过度切割与零碎化。资料被计算机切割得过于零碎,无法整体性地呈现与掌握研究主体的经验(毕恒达,2013)。因此在本研究中,主要采用人工编码的方式,借助软件中的词语查询功能与可视化功能进行辅助分析。为了以开放、弹性的方式分析资料,并发展理论意义,扎根理论很重视的一个研究步骤是撰写分析备忘录(memos)。扎根理论中要一面收集资料,一面分析资料,同时在分析资料的过程中,陆续地记录想法与心得(毕恒达,2013)。每次访谈后及时对数据进行梳理,建立备忘录,记录访谈后的想法和心得,节点之间联系的理解,对资料的初步分析与诠释,以及对节点的调整,对应保存在软件中的个案里。扎根理论研究方法中,对样本的关注非常重要,因此在分析过程中,对每一个样本内容都仔细阅读并一一编码,记录类属。同时随时分析比较随着样本量增加而出现的新类属与原类属之间的关联,在对个案之间持续比较中,加深对各企业个案的理解。备忘录在发展理论范畴与概念时起到了重要作用,在编码与写作备忘录的过程中,逐步形成了一些浮现的概念,为后期范畴挖掘形成基础。

扎根理论中采用理论饱和(theoretical saturation)的概念来解释案例收集程度,当收集到的新资料不再衍生新的理论洞见,也无法呈现理论范畴中新的面向时,理论范畴就"饱和"了(毕恒达,2013)。Charmaz(2008)认为"饱和"这个比喻不太恰当,以理论充分(theoretical sufficiency)作为分析的终点比较合适。在本书研究过程中共访谈12家纺织企业,在对其中前10家样本企业调研后,没有再出现新类属,因此达到理论饱和,即再抽取案例及其相关资料也没有出现新的类属与研究结论。对12家纺织企业的深度访谈与相关资料收集后,共计形成6万多字的文字资料,在所有资料收集完成并确认达到理论饱和后,再重新对这些资料进行梳理并编码。

在编码前,先进行了词频分析。话语的元素是字词,文本中的词数量是质性数据的重要特征,词频可以用于表征文本内容(李政等,2018)。为了解政府的主要关注点,基于NVivo的词频查询功能,对所有文本进行高频词分析。起初在项目信息中设置项目特性,将项目语言设为中文。词频条件中选择最小长度为2的词,对于长度大于2的词,其数量与词频都较低,因此采用人工审核进行筛选。在查询条件中的分组级别中,选择最高级"完全匹配",以避免同义词语归类的歧义,比如,如果设为第三级"同义词"分组级别,则"带领,管理,经营"都列为"处理"的同义词,而根据企业访谈内容来看,企业所描述的"处理"都与污染处理相关,而非宏观层面的管理经营,因此分组级别中选择"完全匹配"才能避免该问题。但由于个体表达习惯的差异,同样的语义会出现不同的词汇表达,词频查询出的部分高频词的确存在语义相近的情况,比如"节省"与"节约",在阅读其所在原文内容的基础上,在词频查询的结果中对数据进行进一步清洗筛选。

NVivo软件中的"词频"功能表示特定词汇或短语在文本中出现的频数,通过软件"词语云"功能呈现(见图5-1)。"词语云"中的字号大小代表该词或短语在政策文本中出现的频数,字号越大的词出现频数越高。通过该词语云可以较直观地看出纺织企业在生态创新方面主要关注的内容,企业对于包括废气在内的污染排放与治理比较关注。

图 5‑1　纺织企业生态创新维度的词语云

第四节　纺织企业生态创新的范畴挖掘与提炼

一、开放式编码

开放式编码是在研究初期确定中心范畴和特征编码之前,研究者以开放态度把所有资料按其呈现的自然状态进行登录的过程(费小东,2008)。开放式编码的目的在于使资料概念化(对研究资料中提及的现象加以定义)和范畴化(categorizing),依据资料概念间的相互关系进行一定分类整合,也称类属化(陈力华、魏凤,2017),从而使所得概念和范畴能够准确而全面地反映资料内容(费小东,2008)。将原始访谈资料逐级缩编,用概念和范畴反映资料内容。首先逐一细读并分析样本企业原始资料文本,在软件中对文本进行节点创建与整理,通过节点命名对文本内容进行概念定义,在首轮编码时,先从粗略编码开始,编码不考虑层级,以人工编码的方式创建一级子节点。为了有效梳理文本包含的内容,在这个步骤中借助软件中的词频查询功能与文本搜索查询功能进行辅助,先将资料整理至宽泛的主题领域,高频率出现的词如"生产""处理""排放"与"产品"都可以作为初步编码中的宽泛主题,然后阅读各个词在不同原始文本中所在的句子与上下文,探查各个文本中的节点,进行更详细的编码,比如将关于"处理"的所有文本内容通读并比较,进行详细编码,"处理"的主题领域中包括废气、氯化、去污、污水/废水,分析中将这几种处理都创建为节点,脚本中的部分表述涉及多个主题,如"改进了废水和废气处理",在废水处理与废气处理节点都进行编码,以创建节点的方式对编码内容逐一概念化,保证节点的含义单一简洁,共得到 116 个一级子节点,即初始概念。随着节点增多,对各节点与其编码内容再次阅读分析,进一步分析与归纳、删减整理,对相似相近的节点编码进行合并,根据节点内容对节点名称进行必要的修改。不断提问其属于何种类属,挖掘其范畴性质及其维度,以新方式对概念进行重组和命名并使其类属化,确保从概念到范畴的提炼科学规范。将前一企业个案中初步形成的概念和类属作为编码模板指导后续案例的编码,如果在后续案例中出现难以归纳的概念属性或者新概念属性,可以与已形成的编码模板进行比较分析,从而对概念和类属进行修正(陈力华、魏凤,2017),或是会浮现出新的范畴,对已有概念逐步整合,相似范畴进行整合。为避免研究者的主观偏见和学术定论,还与一名研究专家进行了多次理论和实践探讨,最后从初始概念中提炼出 22 个范畴。开放式编码分析内容较多,部分示例如表 5-1 所示。

表 5-1　纺织企业生态创新访谈记录的开放式编码(示例)

原始语句	初始概念	范畴
"我们企业推行植物染色项目,在工艺方面不断寻找和提升,满足绿色创新产品要求。……"	植物染色项目	
"企业的草木染项目,希望不用化学染料,选择对环境例如水、空气、土壤等没有污染的,是可以通过自然短时间就能转化的,或者用自然中就存在的一些物质来染色。……"	草木染项目	环保染料与助剂
"染料与助剂都是从经过欧盟认证的国际大企业进行采购,环保标准高。……"	采购环保染料与助剂	

（续表）

原始语句	初始概念	范畴
"我们也使用天然染料来染丝,减少生产过程中的污染。……"	使用天然染料	环保染料与助剂
"生产流程包括助剂等方面持续完善,使用环保助剂,符合绿色生产要求。……"	使用环保助剂	
……	……	
"大气污染主要通过在设备上安装过滤设备,脉冲除尘。……"	安装过滤设备	
"尽量使用节能设备,更新电器设备,节约能源。……"	使用节能设备	
"企业的锅炉从燃煤锅炉改成燃气锅炉。……"	燃煤锅炉改为燃气锅炉	
"煤锅炉改燃气,煤改气,燃气的设备购置好,安装到位。……"	燃煤锅炉改为燃气锅炉	
"企业自身改造,旧设备更新,请专业环保公司将专业环保装置安装好。……"	旧设备更新	改进设备
"企业安装水管锅炉,配套脱硫装置,提高热效率。……"	安装环保装置	
"我们企业的环保设备每两年更换一次。……"	环保设备更换	
"水,大气,COD,二氧化碳的排放与处理设备在一代代提升。……"	排放与处理设备更新	
……	……	

（续表）

原始语句	初始概念	范畴
"采用可降解纤维,减少使用后对环境的影响。……"	采用可降解纤维	
"产品原材料的选择是关键。……"	选择绿色原材料	
"采用有机棉(organic cotton)进行研发生产。……"	采用有机材料	
"原料自然化,比如大豆纤维、芦荟纤维、竹纤维等新型原料的运用。……"	选择自然化原料	
"产品的原材料都是绿色的。……"	绿色原材料	采用环保材料
"对面料进行多次测试,确保其环保,而且还要同时考虑产品的功能型。……"	确保材料环保	
"对产品材料进行改进,包括海绵等填充物,更环保。……"	使用环保材料	
"对原料要求高,比如天然纤维是否在种植时用到农药。……"	未使用农药的天然纤维原料	
……	……	
"追求可循环可回收,不产生环境社会负担的生态设计。……"	可循环回收的生态设计	
"产品的生产过程也追求生态创新,从设计过程开始。……"	注重生态设计	产品生态设计
"全球范围内征集更好更环保的设计。……"	征集环保设计	
……	……	

（续表）

原始语句	初始概念	范畴
"污水都经过两级去污处理,过滤与静电处理。……"	去污处理	
"降低 COD 污染物,减少了对环境的影响。……"	降低废水 COD	
"厂都有污水处理,我们自己企业处理污水第一道,然后整个园区再进行污水处理。……"	污水处理	
"经过膜处理后的水可饮用。……"	对污水进行膜处理	
"根据国家要求,我们所在的区要求企业进行雨污分离,将雨水与污水分别处理。……"	雨污分离处理	
"染色处理第一道都进行中水处理,处理后的水理论上是可饮用的。……"	中水处理	污水处理与排放
"17 年在杭州召开了 G20 峰会,对浙江及周边省份提出了一个'蓝天'计划,污水处理指标不达标就不能经营。……"	污水处理达标	
"纺织行业而言印染这一块对环境的污染的比较大污水处理对环保是一个比较重要的环节。……"	污水处理重要	
……	……	
"安装水管锅炉都配套脱硫装置,减少 SO_2 和烟尘等污染物 400 余吨。……"	减少 SO_2 与烟尘污染物排放	
"改造废气处理系统,累计减少 SO_2 排放量 185 吨。……"	减少 SO_2 排放	
"二氧化碳排放的处理设备在一代代提升。……"	减少 CO_2 排放	
"减少二氧化碳排放是生态创新中很重要的内容。……"	减少 CO_2 排放	废气与有害气体处理与排放
"化纤主要产生大气污染,通过安装过滤设备,对废气进行脉冲除尘,降低烟尘污染物排放。……"	降低烟尘污染物排放	
"废气经过处理后达到大气污染物综合排放标准。……"	废气处理	
"确保废气达标排放,避免废气对周边居民的影响。……"	废气达标排放	
……	……	

（续表）

原始语句	初始概念	范畴
"安装水管锅炉,配套脱硫装置,将热效率提高至85%以上,年度节煤1600多吨。……"	节省煤的消耗	
"将普通照明灯更换为高效亮度的节能灯,年度可节约大量用电。……"	减少用电量	减少水电煤消耗
"引进智能控制低压电磁平衡节电器系统和BF低噪音节能玻璃钢通风制冷设备、废水再循环利用地下水喷淋系统和压力式全自动过滤装置……,节水42万吨。……"	减少用水量	
……	……	
"污水治理造成企业利润下降。……"	利润下降	
"企业的矛盾,生态做好了,经济绩效下降了。……"	经济绩效下降	
"企业产品在美国、欧洲展会大受欢迎,提高了全球客户对中国绿色创新企业的认知和认可,目前我们企业70%的订单来自绿色创新产品。……"	提高订单量	收益与利润
"产品生态做好了,好的产品不愁销路,企业收益也提高。……"	收益提高	
……	……	

　　运行 NVivo11.0 软件的"聚类分析"功能,选择按编码相似性对这些范畴进行聚类分析,寻找范畴之间按照各自包含的编码内容的内在联系。使用常用于数据聚类中计算对象间距离的 Jaccard 系数,选择相互关联比较清晰的圆形聚类图,图 5-2 是从 NVivo11.0 系统导出的聚类节点图,同时出现在两种范畴的编码内容有较高编码相似性,节点图中以连线连接两端。由图 5-2 中可见,部分范畴在编码内容上有相似性,体现纺织企业在生态创新实践中不同措施的内在逻辑,包括通过改进设备减少水电煤的消耗,并回收废水废气再利用;使用新能源生产与清洁生产降低成本,改进工作环境;宣传生态文化,回收产品,注重生态循环利用。

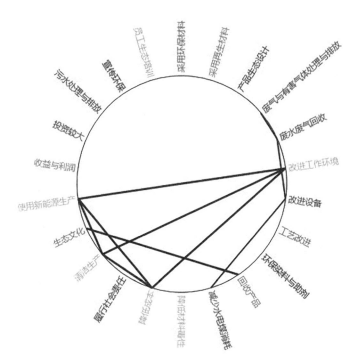

图 5‑2   开放式编码中以范畴的编码相似性聚类的节点图

二、主轴式编码

经开放式编码将资料分解整合得到的范畴,彼此之间通常相互独立,范畴之间的关系需要通过主轴式编码进行分析。其目的在于以一个范畴为主轴,重新组合成一个融贯的整体,以及在范畴中区分出不同的副范畴(毕恒达,2013)。按照范式—结构—过程的框架,将开放性编码中抽取出来的各项范畴连接起来,分析范畴间的关系脉络,探索和建立这些范畴间的有机关联。

Strauss & Corbin(1997)在其书中运用许多实证科学性术语建立次范畴之间的因果关系,例如,把主范畴区分出不同的性质、面向与程度,然后指认条件、现象、脉络、行动与后果间的因果关系,甚至建议使用一些科学术语,如"条件矩阵"。这些做法后来受到扎根理论学者的批评,如果扎根理论过于强调客观实在的分析,偏离主体经验,则因果分析也会流于线性。因此,毕恒达(2013)建议在主轴式编码中纳入行动者认知的分析。基于此原则,本研究对开放式编码中获得的范畴进一步比较归纳。挖掘范畴间存在的内在联系,结合逻辑次序和内在联系对范畴进一步归类,形成四个主范畴,以及各主范畴包含的副范畴及其对应的开放式编码范畴(见表5-2)。

表5-2　主轴式编码形成的主范畴

主范畴	副范畴	关系内涵
产品生态创新	采用环保材料	企业"采用环保材料",选择产生最少污染量的环保产品材料,从产品源头控制。
	减少产品的能源消耗量	"减少水电煤消耗",尽可能地减少产品的水、电、煤的能源消耗量,生产环保产品。
	使用再生材料	"采用再生材料"作为产品的原材料,促进循环发展。
	考虑易于再回收、再利用	在最初征集"产品生态设计",考虑其易回收再利用性,消费者购后企业进行"产品回收",减少废旧纺织品污染,资源发挥更大效用。
工艺生态创新	更新设备	"改进设备",更新设备以减少生产过程中水、电、煤等能源的消耗,整个生产过程更节能环保。
	更新生产工艺	"工艺改进",更新生产工艺以减少污染,选择对环境污染少的工艺,尽量降低对环境的影响。
	减少有害物质或废水废气排放量	"废气与有害气体处理与排放","污水处理与排放",减少生产过程中的环境污染。
	使用清洁技术进行生产	"清洁生产",在生产过程中推行清洁生产与低碳经济模式,如使用少水印染加工技术。
	使用新能源	"使用新能源生产",采用更绿色的方式为生产过程提供能源。
	回收利用废水废气	"废水废气回收",将废水废气经处理达标后再回收利用,进行加工生产。
	降低毒性与化学试剂的使用或采用替代品	在加工过程中尽量"降低材料毒性",使用"环保染料与助剂",采用天然植物染料,或向环保标准高的国际企业采购。

（续表）

主范畴	副范畴	关系内涵
管理生态创新	积极参与生态创新活动	企业"履行社会责任"驱动管理者更有动力参与生态创新,管理者积极"改进工作环境",建立绿色企业。
	员工生态培训	"员工生态培训",增强他们的环保意识专业意识,这样才能更好地在生态创新的落实方面得到好的效果,有成效地进行管理。
	推行可持续文化	"生态文化""宣传环保",企业需要推行生态文化,强调可持续发展,才能在管理层面整体推进生态创新。
	为生态创新投入高比例资金	企业对生态创新"投资较大",企业在改进生态设备方面往往需要大量资金投入。
生态创新作用效果	经济绩效	企业进行生态创新对其经济绩效影响较大,影响"收益与利润",部分企业利润下降。部分企业引进节能设备后"降低成本"。

四个主范畴包括:①产品生态创新包含四个副范畴,企业进行产品生态设计,考虑产品是否有利于再回收再利用;采用环保材料;采用再生材料;减少产品的能源消耗量。②工艺生态创新包含更新设备,更新生产工艺,减少有害物质排放或废水废气排放量,使用清洁技术进行生产,生产过程中使用新能源,回收利用废水废气,降低毒性与化学试剂的使用或采用替代品。③管理生态创新体现在管理层对生态创新的推动措施,包含四个副范畴,通过履行社会责任和改善工作环境参与推进生态创新活动;对员工进行生态培训;宣传环保并积极建立可持续文化;为生态创新投入高比例资金。④生态创新作用效果主要直接体现在企业经济绩效方面,影响"收益与利润",部分企业利润下降。企业引进节能设备后"降低成本"。

三、选择式编码及研究框架构建

选择性编码是指发展核心范畴、明确资料故事线与验证范畴之间的关系,并把概念化尚未完备的范畴补充完整的过程(陈力华、魏凤,2017),关键在于综合所有范畴、发展核心范畴并尝试构建理论模型(王进富等,2016)。需要首先识别范畴与范畴之间的联系,分析不同维度下各范畴之间的关系和脉络是否可以完整解释研究的问题,"核心范畴"是否揭示了问题的实质;随后用所有资料及由此开发出的范畴和关系扼要说明全部现象,即开发故事线;最后再对得出的概念范畴再次进行系统分析,尝试整合、精炼与建构理论(王进富等,2016)。

通过对各范畴的反复审读,对产品生态创新、工艺生态创新与管理生态创新这三个主范畴与其相应副范畴深入分析总结,并结合原始资料记录进行比较,确认各个副范畴体现其包含的各范畴内容与相应的内容,且完整覆盖原始材料记录包含的相关内容。对主范畴与副范畴的关系再进行梳理。在选择式编码中,核心范畴需要高度概括并代表其他范畴的属性和性质维度,比其他范畴更能体现原始资料和概念传达出的意义,居于所有范畴的中心位置,更为频繁地出现在资料数据中,并且最大限度地关联于其他范畴。

本研究以纺织企业生态创新行为维度与其作用效果作为核心范畴统领其他范畴,围绕该核心范畴,基于前两个阶段的编码,根据原始资料与范畴分析确立故事线:纺织企业在国家地方政策、企业社会责任因素的作用下,根据对所处环境的感知,结合自身经营基础与条件,改变发展与创新的范式,进行生态创新,涵盖价值链的各环节,包括产品设计到原材料选择再到生产加工,以及销入市场与消费后的废旧纺织品处理的各个环节,同时在管理层面给予推动。在产品生态创新方面,企业考虑在产品整个生命周期中其对环境的影响,从材料、产品能耗量、产品是否易于回收利用都采取了一定措施,包括在产品开发之初征集使用生态设计,采用环保材料,如天然纤维替代传统材料,使用再生材料,并尽量减少产品能耗量。此外,进行工艺生态创新,注重生产过程的绿色生态化,更新设备,更新生产工艺,降低生产过程中有害物质或废水废气排放量,使用清洁技术,生产过程中使用新能源,废水废气再回收利用,减少毒性与化学试剂的使用或采用替代品。企业还从管理层面推进生态创新,积极参与生态创新,企业管理层主动履行社会责任,通过一些措施使员工工作环境更绿色清洁,并在企业内外推行生态文化,宣传环保,鼓励消费者回收废旧纺织品,同时对员工进行生态培训,提高全员环保意识,加大对生态创新的资金投入。在纺织企业生态创新对企业的作用效果方面,多个个案的原始资料中都提到成本增加,利润降低,部分个案表示绿色产品帮助其扩大了市场,这些都体现为企业的经济绩效。

第五节　研究结论

综合选择式编码的步骤与深入分析,本研究确定了核心范畴,以及纺织企业生态创新维度的三个主范畴与生态创新作用效果的一个主范畴,综合核心范畴、主范畴与副范畴,构建纺织企业生态创新维度与作用效果的理论框架,见图5－3。

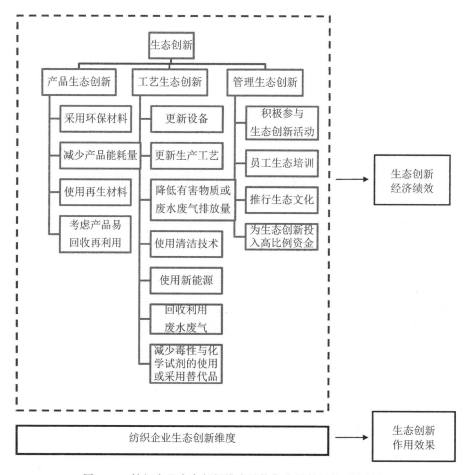

图 5－3　纺织企业生态创新维度结构与作用效果的研究框架

本章基于深度访谈的扎根理论方法,探索我国纺织企业在实际情境中的生态创新行为。借助 NVivo 11.0 质性分析软件,通过开放式编码对原始资料进行初始概念化与范畴化,将原始访谈资料逐级缩编,在建立初始概念后分析提炼出企业在生态创新实践中的 22 个范畴,包括采用环保材料、产品生态设计、改进工作环境、环保染料与助剂、降低材料毒性、降低成本、收益与利润等。在开放式编码的基础上,分析范畴间的关系脉络,对其进行分析整合,并以单个范畴为主轴,重新组合成多个融贯的整体,在各个主范畴中区分出不同的副范畴,由此形成 16 个副范畴,包括采用环保材料、减少产品能耗量、使用再生材料、考虑产品易回收再利用、更新设备、更新生产工艺、降低有害物质或废水废气排放量、使用新能源、回收利用废水废气、使用清洁技术、减少毒性与化学试剂的使用或采用替代品、积极参与生态创新活动、员工生态培训、推行生态文化、为生态创新投入高比例资金,融贯于产品生态创新,工艺生态创新,管理生态创新以及生态创新作用效果这 4 个主范畴中。最后,通过选择式编码,综合分析所有范畴,发展核心范畴,明确资料故事线,进一步深化验证范畴之间的关系,建立纺织企业生态创新维度结构与作用效果模型,该模型严格按照扎根理论方法编码程序分析得出,基本实现了我国纺织企业生态创新的维度开发。

通过扎根理论方法的挖掘,我国纺织产业生态创新维度主要包含产品生态创新、工艺生态创新和管理生态创新三个维度,与文献比较,Resta & Ciarapica (2014)将纺织服装皮革企业供应链中的生态创新分为产品与服务、供应链管理,生产过程、文化、管理与其他这六个维度,Fani et al.(2016) 在其研究基础上,将纺织企业生态创新分为产品、供应链管理与生产过程三大方面。本研究构建的生态创新维度反映出我国纺织企业的生态创新行为,与国外学者的相关研究的部分内容相符合,产品生态创新与生产过程生态创新,即工艺生态创新是企业在生态创新中实践的,也是这两位学者都提出的维度,管理生态创新的内容与 Resta & Ciarapica(2014)提出文化与管理维度的内容相似。该理论模型进一步丰富了理论,主要体现在工艺生态创新即流程创新方面,除了包括国外学者提出的新流程、技术,减少污染与水资源使用,提高能源效率并减少污染的过程材料,采用替代品或减少染料与化学品用量,还包含更新设备、在生产过程中采用新能源与回收利用废水废气等方面。

本章小结

本章得出的理论结构模型有效地体现出纺织企业生态创新行为的层次化与关系化,可以拓展我国纺织企业的生态创新理论研究,在生态创新行为构建细化和全面性方面体现了一定的创新性。研究结论对我国纺织企业生态创新实践起到一定示范作用,对政府制定纺织企业环境政策具有一定参考价值。

第六章
纺织产业环境政策与企业生态创新的
理论框架构建

第三章进行了纺织产业环境政策的内容分析,第五章基于扎根理论对纺织企业生态的创新维度与作用结果进行了研究。在此基础上,本章重点探讨四个命题:纺织企业生态创新如何分类? 不同类型生态创新的绩效是否存在差别? 不同类型环境政策对纺织企业生态创新如何产生影响? 环境政策如何通过纺织企业生态创新影响生态创新绩效? 通过梳理三者之间的关系,提出假设,并建立纺织产业环境政策对纺织企业生态创新与经济绩效影响的研究框架。

第一节　纺织企业生态创新维度

对纺织企业而言,其可持续性发展不仅仅局限于使用天然材料,还包括利用各种生态环保材料,对材料重复利用并回收,在生产中改进工艺设备,最终履行社会责任。产品材料是企业生态创新改进的起点,纺织企业生态创新的相关研究涉及多种生态环保材料。生态产品的实施能改善现有的生态产品或生态新产品的开发。纺织企业产品的部分环境影响源于产品能耗与生产过程中的污染排放,部分环境影响源于对消费后废旧纺织品处置,生态产品实施主要关注产品的整个生命周期以减少对环境的影响,涉及产品从产生到使用,再到处理的所有方面。

废旧纺织品回收路线分类之一是"闭环"(closed-loop)回收与"开环"(open-loop)回收(Sandin & Peters,2018)。闭环回收是指产品的材料被回收并用于相同产品的过程(Sandin & Peters,2018)。开环回收是指产品的材料被回收并用于另一种产品的过程(Ekvall & Finnveden,2001),经过几次开环回收后,许多材料都失去了所有价值(Ewijk & Stegemann,2016)。另一种废旧纺织品回收路线的分类方法是降级回收(downcycling)和升级再造(upcycling)(Sandin & Peters,2018)。降级回收随着时间的推移降低材料的质量(McDonough & Braungart,2002)。部分学者指出,如果单一地进行开环回收或降级回收,比如将废旧纺织品制成填充物或拖把之类的物品,会导致物品价值逐渐流失直到再次面临淘汰,而且在这两类回收类型中,由于工艺标准降低,再加工时企业会额外使用化学材料而使得次级再加工产品中又加入新的有害物质,最终仍对环境造成伤害。因此有学者提出,需要在纺织品设计之初就考虑产品是否易于可回收、再加工利用,促进"闭环"回收,同时需要加快推进废旧纺织品处理技术,促进其"升级再造",提高再生产品的价值。

"从摇篮到摇篮"的概念是 McDonough & Braungart(2002)提出的,是指产品使用的材料能为自然工业提供养料,在自然与人类体系相互关联的世界里,由可再生能源做动力,生产的产品能够在安全健康的生物圈和技术圈里流动并能得到良好和充分的循环利用。在纺织产业相关生态研究中,很多学者不仅关注产品本身与生产工艺,更强调废旧纺织品回收与重新制造,以促进产业循环发展。纺织企业生态创新实践主要围绕产品设计,产品材料,工艺、技术与工艺材料,废旧纺织品管理,供应链与文化,涉及纺织产品的整个生命周期,并包括宏观与微观层面的实践,可以概括为纺织企业生态创新实践,主要包括产品、生产过程与管理这三个方面,见表6-1。

表6-1　纺织企业生态创新实践

类型	具体实践	文献来源
产品设计	"从摇篮到摇篮"*的服装设计	Gam et al.(2009)
	产品管理战略	Fowler & Hope(2007)
	使用3D和1D人体测量数据	Veitch & Davis(2009)
	生态设计	Farrer & Finn(2010)

（续表）

类型	具体实践	文献来源
产品材料	生态环保纤维、有机纤维,如竹、大麻、香蕉、菠萝、玉米、牛奶与大豆蛋白纤维,以及可生物降解的人造纤维	Blackburn(2005)
	有机棉	Goldbach et al.(2003);Fowler & Hope(2007)
	生物聚合物	Bogoeva-Gaceva et al.(2007)
	农业副产品木质纤维素	Reddy & Yang(2005)
	废旧纺织品再生纤维	Shen et al.(2010)
工艺技术与工艺材料	新流程	Phong(2008)
	低废与无废技术	Sivaramakrishnan(2007)
	纳米技术和等离子技术	Wong et al.(2006)
	加工材料、助剂,通过控制加工材料减少污染	Saravanabhavan et al.(2008);Fani et al.(2016)
	染色、整理、鞣制过程中染料和化学品的选择	Bechtold et al.(2003);Kumar et al.(2011)
	节能,包括工厂效率优化,减少能耗,可再生能源的生产和消费	Fani et al.(2016)
	减少浪费,包括碳捕获和储存,废物管理,废物作为一种能源来源再利用	Fani et al.(2016)
	水,包括减少水的利用,水循环利用	Fani et al.(2016)
废旧纺织品管理	消费前废旧纺织品	Chen et al.(2006)
	消费后废旧纺织品,废旧纺织品再回收利用	Koch & Domina(1999)
供应链	供应商的环境要求和改进计划	Styles et al.(2012)
	协作网络	Fowler & Hope(2007)
	消费者意识	Styles et al.(2012)

（续表）

类型	具体实践	文献来源
	内部参与	Resta & Ciarapica(2014)
	促进可持续发展文化（内部和外部）	Resta & Ciarapica(2014)
文化	关注企业利益相关者，并与生态协会和当地社区合作	Resta & Ciarapica(2014)
	客户参与	Resta & Ciarapica(2014)

资料来源：根据文献整理。

＊注：有些企业在使用有机棉和生态染料的设计和生产中实施"从摇篮到摇篮的服装设计"（Gam et al.，2009），其比较常见的做法是再利用、再循环以及被其他行业作为物质来源再利用，形成"闭环"模式，以提高可持续性。

综上所述，结合文献与第五章扎根理论分析，确定纺织企业三种主要的生态创新类型，即产品生态创新、工艺生态创新与管理生态创新作为纺织企业生态创新的维度，作为后续研究的基础。

第二节 纺织产业环境政策与企业生态创新关系

由第三章纺织产业环境政策内容分析可见，近三十年来，我国纺织产业环境政策包括命令控制型政策、市场型政策与自愿型政策。在命令控制型政策中，污染治理检查、标准、许可与审批、禁令这四种政策工具占比较大；市场型政策中，补贴、罚款与环境税费三种政策工具比重最大；自愿型政策中，技术创新、环境监测与评价、信息公布、公众参与这四类政策工具比重较大。每种政策工具的作用取决于其使用情景，没有一种单一的最佳政策适用于所有情况。Oltra & Saint Jean(2005)认为，经济激励工具不能完全替代其他类型，而且单一使用某类政策不足以促进生态创新；最有效的是这些政策工具的组合。Frondel et al.(2008)指出，对于不同的生态技术领域，生态政策的影响不同，特别是通过命令控制型政策推进末端治理技术，而环境管理系统对促进企业使用清洁技术起到更为重要的作用。

不同类别的政策工具，其作用效果因环境而异（Kammerer，2009；Horbach et al.，2012），最好能结合具体产业环境分析政策对生态创新的影响。

Kammerer(2009)的研究表明,产品生态创新和工艺生态创新应该分别进行分析,并且应该区分政策对不同生态创新行为的影响,包括能源和材料效率,减少温室气体排放,改善回收,或减少水和土壤的排放。基于此,本章将基于文献梳理不同的纺织产业环境政策对具体生态创新行为的影响,将环境政策工具分为三个组成部分进行分析,即命令控制型政策,市场型工具与自愿型政策对企业产品、工艺与管理生态创新三方面生态创新实践的影响,建立假设,并在随后的章节中通过实证分析进行深度探究。

一、命令控制型政策对纺织企业生态创新的影响

命令控制型政策,也称强制型规制,是促进企业生态改进时最常用的政策类别。生态政策实施中,政策制定者通常通过实施命令控制型政策,如技术规范、排放标准、相关标准或性能标准这些政策工具,来处理生产活动的环境外部性。命令控制型工具的理念是基于企业必须通过假定的污染产生的成本来补偿其社会损害。

在这类政策中,法律与监管政策工具包括使用责任和强制实施的规则,为企业行为设定了严格的界限。政府环境规制是对企业采取生态行为的一种重要的强制性压力(Sarkis et al.,2010)。这些类型的工具最能促使企业进行正式的环境整治,政府针对特定的利益相关者实施这类政策,企业迫于污染后果的威胁或政府对其承诺在部分情况下免除其承担后果,进而进行环保活动。

部分学者研究证明,该类政策对企业生态创新能发挥较大的激励作用。Porter & Van der Linde(1995a)以及 Murphy & Gouldson(2000)指出,有利于生态创新的强制型法规能极大地刺激企业的生态创新实践。然而,有些学者通过大样本数据实证分析研究得出相反的结论,认为强制型监管压力对企业的生态行为没有显著的直接影响(Frondel et al.,2008)。具体到命令控制型政策对不同生态创新类型的影响,在产品生态创新方面,Kammerer(2009)研究命令控制型环境政策工具强度对企业生态创新的影响,结果表明该类政策对产品生态创新的实施以及产品延伸产生了重要影响,其政策越严格,企业实施产品生态创新的动力越大。命令控制型政策工具是刺激企业整合生态产品创新的驱动因素之一。在政府的强制性压力下,企业更积极地进行产品生态创新的相关

实践,包括采用环保材料,采用环保设计等行为。基于以上分析,本研究提出以下假设:

H1a:命令控制型政策对纺织企业产品生态创新有正向作用。

在工艺创新方面,Taylor et al.(2012)比较了不同政策工具对发电厂控制二氧化硫排放的技术变革的影响。研究表明,政府通过立法和法规的细节创造新的并破坏已有的利基市场,能有效促进生态技术的发明。此外,企业对命令型政策及其强度的感知是影响其生态技术发明的重要因素。他们得出结论,命令控制型环境政策促进生态研发,并促进企业将环境保护纳入生产过程。Kivimaa(2007)使用案例研究得出相似的结论,命令控制型环境政策是对企业生态过程创新的主要驱动因素。

综合以上研究,在该类政策影响下,企业会改进生产工艺,研发或采纳已有的清洁技术,有利于促进工艺生态创新。因此,本书提出以下假设:

H1b:命令控制型政策对纺织企业工艺生态创新有正向作用。

尽管有些企业意识到自愿型政策工具对企业自身的益处,但未必自愿实施,而命令控制型政策对企业来说是根本的动力来源。面临严格的生态政策监管,命令控制型政策管制下的企业更有可能进行生态相关的研发活动(Horbach et al.,2012)。在这种政策压力下,企业管理层对生态创新进行更大的资金投入,更倾向于推进企业内部生态创新活动,包括组织员工进行相关培训。基于此,本研究提出假设:

H1c:命令控制型政策对纺织企业管理生态创新有正向作用。

二、市场型政策对纺织企业生态创新的影响

学术界对市场型环境政策对企业生态创新的影响仍然存在争议。有些学者认为市场型政策是企业的财务激励,促使目标行为者追求利润最大化,对企业来说是更灵活、自治的治理模式。长期以来生态经济学普遍认为,经济激励型政策工具在刺激生态创新方面更有效,为经济参与者提供了更大的灵活性(Jaffe et al.,2004),优于命令控制型工具。对于受环境政策约束的企业来说,环境税比标准更灵活,因为企业可根据自己的能力来选择解决环境问题的最佳方案。

由于市场型政策工具的经济效率,经济学家普遍倾向于建议政府采用该种类型的政策工具,因其能够最小化环境政策的成本(静态效率),并刺激企业进行技术改进以治理环境恶化(动态效率)。Popp et al.(2011)认为,市场型工具为企业采用新的环境技术提供了强有力的激励,如果其成本足够低,则值得企业投资新设备,这类灵活政策允许企业自由选择,对实现政治目标也非常有利。此外,Johnstone et al.(2012)将专利作为可再生能源领域技术创新的指标,并证实具体政策的作用因技术而异,如上网电价计划确保了具体的价格,为更昂贵的新能源技术(例如太阳能)创造了市场,有利于新能源的推广使用。这些学者的研究证明,市场型政策有利于促进企业改进技术与设备、使用新能源,推进企业工艺生态创新。

然而也有部分学者认为,市场型政策在推进生态创新方面的作用有限。如Kemp & Pontoglio(2011)认为,市场型政策工具有利于刺激技术的渐进式变革和扩散,但长期来看,不能促进未来的创新。强制型政策比市场型政策工具更能激励激进式创新(Hojnik & Ruzzier,2016)。Li(2014)研究发现,命令控制型工具是生态创新的驱动力,而经济激励型工具则不然。

具体到市场型政策中具体政策工具的作用,在环保税方面,Requate(2005)认为,环保税的作用取决于整个政策体系是否从长远发展的出发点设计的,如果在缺乏远见的环境政策或缺乏长期承诺的情况下,环境税可为研发和新技术投资提供更强的激励,而长期来看,该激励作用会减弱。原因在于,如果在更长的周期内,新技术扩散,许可证价格会下降。这样,对使用旧技术企业投资新的生态技术而言,环保税只能起到较弱的激励作用(Requate,2005)。此外,Demirel & Kesidou(2011)研究了企业在多大程度上因环保税而投资生态保护,结果表明环境税对其分析的三种生态创新(末端治理技术、流程整合和环境研发)中的任何一种都不重要。他们认为,其主要原因是环境税使用非常少,并且其政策强度不高。从这些研究来看,部分学者认为,市场型政策中的环保税在促进企业生态创新方面的影响,尤其是长期影响有限,对生态创新没有起到重要作用。

多位学者探究市场型政策中的排污收费制度对生态创新的影响,对该类工具的作用也存在不同观点。Pereira & Vence(2015)肯定排污权交易体系的作用,因为它提供了一种减少排放的"自私动机",刺激买卖双方减少污染。Fischer & Newell(2008)研究排污收费制度对生态创新的作用,评估生态创新的不同方面,包括减少二氧化碳,可再生能源的创新和推广以促进减排与提高效率,可再生能源生产和研发中不同政策工具的作用,对政策工具逐一分析以确定不同政策工具的作用排名。他们的研究结果显示,排污收费制度因其有效地解决环境目标而在所有政策工具中排首位,该工具促使采用传统能源的企业降低排放强度,并有利于可再生能源企业扩大生产和投资环保研发以降低成本。但 Kumar & Managi(2010)的研究表明该类工具的作用有限,他们通过案例研究分析说,美国清洁空气法修正案框架内的排污交易系统对减少二氧化硫排放方面具有生态创新作用。他们的研究显示,在 1995—2007 年期间,与整体技术进步(7%~8%)相比,该类政策工具作用下的减少排放比例为 1%~2%。

　　企业进行技术改进,投资新设备,采用新能源技术,减少生产过程中的污染物排放都属于工艺生态创新。大多数学者的研究表明,该类政策对推进工艺生态创新有积极作用。少部分学者的研究显示,由于政策数量与强度不足,其推进作用有限。在不同市场型政策工具对企业组织层面的作用方面,Bos—Brouwers(2010)强调环境政策中市场型政策工具的重要性,如税收、补贴等,促进企业形成新的组织能力,进而激发突破式生态创新。企业新的组织能力与加大生态研发投资都属于管理生态创新。因此,根据对已有研究的梳理,本研究作出以下假设:

　　H2a:市场型政策对纺织企业产品生态创新有正向作用。

　　H2b:市场型政策对纺织企业工艺生态创新有正向作用。

　　H2c:市场型政策对纺织企业管理生态创新有正向作用。

三、自愿型政策对纺织企业生态创新的影响

　　自愿型政策包括根据国际标准(如 ISO14001)建立的环境管理体系与审计计划,以及相关的信息与通信措施,也包括产品生命周期评估、废物处理和回收系统、使用生态标签、信息公开与标杆管理等方面(Pereira & Vence,2015)。根据纺织产业环境政策的内容分析,在我国中央政府各部委出台的相关政策中,较多使用的自愿型政策工具包括技术创新、环境监测、信息公布与公众参与

这四种,总共占自愿型政策的91%。

自愿型政策工具不会形成具有正式约束力和控制导向的关系。相反,这类政策工具为政府提供了适合企业进行自主行为决策的背景设定,这种方案的主要优点是,公司自身有兴趣并致力于实施环保措施。然而,Pereira & Vence (2015)的研究指出,对违规行为缺乏制裁也意味着对环境和技术变革的影响几乎为零,并且对落实这类政策的企业来说,似乎成为改善其企业形象的一个标签。

大多数研究将自愿型政策,如公开信息等措施与产品生态创新联系起来。Wagner(2007)认为,这些措施刺激企业发展生态创新,如消费者获得公开信息、产品生态标签与生态创新之间的关系是积极的。

信息公开方面,对于以环境为导向的消费者群体,向消费者提供信息可能会产生额外的需求,同时对企业进行产品生态创新也是一种激励(Pereira & Vence,2015)。自愿型政策激发企业兴趣,激励企业自发的环保行为,Rehfeld et al.(2007)强调废物处理或回收体系相关措施的重要性,认为如果企业对其产品保持持续的关注,直至其产品消费后的有用阶段之后,就更有可能采用产品生态创新使回收变得更有可能。综合以上研究,本研究假设如下:

H3a:自愿型政策对纺织企业产品生态创新有正向作用。

根据Rave et al.(2011)的研究,与传统创新相比,环境管理系统对生态创新有更强的推进作用,尤其是促进企业持续的生态创新活动。在促进不同类型生态创新方面,其研究发现这种政策工具对工艺生态创新有正向影响。部分学者研究发现,环境管理系统与工艺生态创新之间存在正相关关系,但对产品创新没有影响(Wagner,2007;Horbach,2008)。Horbach et al.(2012)对德国企业的研究表明,尤其在传统产业中,企业自我监管对于回收方面尤其重要。由此可见,自愿型政策工具促进企业长期自我监管,有利于提高其工艺生态创新。本研究提出假设:

H3b:自愿型政策对纺织企业工艺生态创新有正向作用。

对部分更注重环保的企业来说,进行生态创新实践不仅是遵守强制型的规制,而且是超越行业内生态创新的先锋企业,从而享受生态创新方面的先发优势(Porter & Van der Linde,1995a)。在这个层面,自愿型政策发挥更积极的作用,能促使企业调整组织结构来实现生态管理。为适应自愿型环境政策的要求,企业设立专门的生态管理机构负责环境事宜,如搜集和分析绿色信息,制订和实施绿色发展计划,营造绿色文化氛围,塑造企业绿色形象,为绿色经营进行组织准备。因此,本研究提出假设:

H3c:自愿型政策对纺织企业管理生态创新有正向作用。

第三节 纺织企业生态创新与生态创新绩效的关系

传统的经济观点认为,任何环境改善都会将社会先前承担的成本转嫁回公司,是外部成本对企业施加的额外负担。因此,生态创新实践的发展可能导致使用环境技术的成本增加,以及更严格的环境合规性,这可能对企业的长期财务业绩产生负面影响,企业需要在环境责任和财务绩效之间进行权衡取舍。

然而"波特假说"指出污染的过程会同时或单方面出现问题的症状,减少或消除污染及废弃物不会削弱反而会增强企业竞争力(Porter & Van der Linde, 1995a)。Horbach(2008)指出环境和企业都从生态创新实施中受益,形成"双赢局面"。生态创新对企业绩效发挥重要作用(Christmann,2000)。之后更多的研究表明,环境管理实际上可以降低运营成本,减少浪费,从而提高利润率,对企业绩效产生积极且重要的影响。生态现代化理论(Ecological modernization theory—EMT)指出,通过采用生态创新战略,既可以实现环境和财务绩效,又可以实现建设环境友好型社会的目标(Murphy & Gouldson, 2000)。从该理论视角分析,短期绩效包括减少和消除废物、资源回收和再利用这些生态行为产生的绩效,长期绩效包括采用资源保护和清洁生产措施以维持经济长期增长。

现有相关研究主要围绕生态创新对企业财务绩效与环境绩效的影响,尤其是财务绩效即经济绩效方面,如 Cheng & Shiu(2012)梳理相关文献,指出部分学者认为生态创新促进企业绩效,并从经济绩效衡量其绩效,包括投资回报率、市场占有率、利润率与销量。大部分学者的研究表明,生态创新对企业的绩效有正向影响,主要体现在经济绩效方面,包括降低生产成本,发现新的生态产品市场机会,从而提高市场占有率,进入新的生态市场(Nidumolu et al.,2009)。

除了经济绩效之外,生态创新还有利于改善企业形象,形成竞争优势。由第四章对纺织企业生态创新维度与作用结果的扎根理论研究结论来看,生态创新对企业的影响主要体现在经济绩效方面,包括降低成本、影响企业销售与利润等方面。

已有研究表明,每种类型的生态创新(如产品创新、工艺创新与管理创新)虽有自身属性和对环境绩效的作用(Damanpour et al.,2009),但如果没有系统综合实施的生态创新,单独实施某类生态创新的绩效只能是微乎其微。因此在研究纺织企业生态创新对企业绩效的影响时,需要考察各个类型的生态创新对企业绩效的综合影响。

Porter & Van der Linde(1995a)的开创性研究以来,三类生态创新,即生态产品创新、生态工艺创新与生态管理创新对企业绩效的贡献也得到了认可。譬如,Cheng & Shiu(2012)对三类生态创新的研究表明其对企业绩效都有积极影响。Klassen & Whybark(1999)与Christmann(2000)都认为,产品创新与工艺创新对企业绩效均有积极推动作用。黄晓杏等(2000)的问卷调查方法显示,生态产品创新和工艺创新在减少能源消耗的同时,提高了企业的资源整合能力,进而提升了企业的财务绩效。王洪波等(2017)的实证研究结果证明,产品生态创新和工艺生态创新均能正向促进企业绩效。基于文献梳理,生态创新对企业的产品生态创新与工艺生态创新都有积极正向影响。据此,本研究假设:

H4:纺织企业产品生态创新对纺织企业经济绩效有正向作用。

H5:纺织企业工艺生态创新对纺织企业经济绩效有正向作用。

此外,在管理生态创新方面,胡元林、李雪(2018)的研究表明,实施生态管理,企业可以降低企业生产经营过程中的物质资源消耗,减少环境污染的治理成本,高效利用能源资源,可以提高企业的财务绩效。本研究假设:

H6:纺织企业管理生态创新对纺织企业经济绩效有正向作用。

第四节　纺织产业环境政策与生态创新绩效的关系

按照 Baron & Kenny(1986)对中介的三条路径定义,如果满足 X 会影响

M 变量(path a);M 会影响 Y(path b);X 会影响 Y(path c),那么就可以提出 M 是 X 与 Y 的中介。上文梳理可知,环境政策会对纺织企业生态创新产生影响,纺织企业生态创新会对企业绩效产生影响,本节的环境政策将对纺织企业绩效的影响进行论述,对纺织企业生态创新的中介作用建立假设。

传统的经济观认为,作为解决负外部性的一种手段,环境政策将生产与管理过程中产生的环境负外部性内部化为企业的生产成本,这在一定程度上增加了企业的运营成本,降低企业利润,最终导致企业绩效下降。由于环境目标与企业利益最大化目标之间存在矛盾关系,所以在实现一个目标的同时,必定会阻碍另一个目标的实现。环境政策实施后,企业为满足政府要求,决策者会根据自身情况判断是增加研发投入进行生态创新、治理排放污染物还是缴纳罚款,但无论采取何种行为都涉及资金变动,将部分生产性投资转移到了污染治理投资上,挤占了生产经营绩效,影响其财务绩效(Gray et al., 2001)。

命令控制型政策对企业绩效的影响研究较多。Popp et al.(2011)认为,命令控制型政策工具中的标准存在一些缺点。从经济角度来看,标准的实施使一些企业被迫采用非常昂贵的污染控制手段,企业需要支付更多的治理成本来解决环境污染问题,增加其经营成本,由于企业之间的成本差异甚至是同一公司内部的成本来源差异,可能对部分企业不具备成本效益。相反,Porter & Van der Linde(1995a, 1995b)认为,设计合理的环境政策可以触发创新,从而降低产品的总成本或提高其价值。在政府的命令控制型环境政策影响下,企业的经济绩效必然受到影响,考虑到环保投资和研发支出带来的创新补偿效应,本研究假设:

H7a:命令控制型政策对纺织企业经济绩效有正向作用。

市场型政策对排污者收取排污税或环境税,这经常被经济学家看作最有效率的环境政策工具之一。由于排污收费制度的实施,企业积极寻找治污成本低的技术,或者是使用更高生产率的技术以产生更少的污染,从而提高企业绩效,达到环境政策所带来的创新补偿效应。在补贴政策工具中,企业的减污动机和税收机制相同,激励企业减少排污,政府的补贴减少企业污染处理成本,降低企业污染处理成本,有利于利润增加。基于此,本研究假设如下:

H7b:市场型政策对纺织企业经济绩效有正向作用。

自愿性环境政策建立在企业自愿参与实施的基础上，企业在环境治理的过程中起到更大主导作用。在社会责任的激励下，企业有更强的意愿进行技术创新，对其技术创新经济绩效与生态绩效都有显著的正向影响（马富萍等，2011）。董颖（2011）的研究表明，命令控制政策、市场导向政策与信息工具对企业生态环境绩效与竞争绩效的直接影响并不明显，只有自愿协议对于企业环境绩效起到了正向作用。此外，有针对性的信息公开，如提供生态建议和培训以改善企业绩效，已经成为环境监管活动的重要组成部分。然而，Taylor et al.（2012）认为，由于自愿型政策实现效果可能很慢，并且难以归因于具体干预，衡量信息公开这些自愿型政策干预措施，对企业绩效的影响具有挑战性。因此，本研究作出以下假设：

H7c：自愿型政策对纺织企业经济绩效有正向作用。

第五节　假设汇总与框架构建

根据文献梳理，基于纺织产业环境政策（命令控制型政策、市场型政策与自愿型政策）对企业生态创新的影响，纺织企业生态创新与企业经济绩效的关系以及纺织产业环境政策与企业经济绩效的关系，本节分别分析三类纺织产业环境政策对企业产品生态创新（H1a，H2a，H3a）、工艺生态创新（H1b，H2b，H3b）与管理生态创新的影响（H1c，H2c，H3c），以及三者对企业经济绩效的影响（H4，H5，H6）。此外，环境政策通过产品生态创新（H7a）、工艺生态创新（H7b）与管理生态创新（H7c）间接影响企业绩效。

假设汇总如下：

H1a：命令控制型政策对纺织企业产品生态创新有正向作用。

H1b：命令控制型政策对纺织企业工艺生态创新有正向作用。

H1c：命令控制型政策对纺织企业管理生态创新有正向作用。

H2a：市场型政策对纺织企业产品生态创新有正向作用。

H2b：市场型政策对纺织企业工艺生态创新有正向作用。

H2c：市场型政策对纺织企业管理生态创新有正向作用。

H3a：自愿型政策对纺织企业产品生态创新有正向作用。

H3b：自愿型政策对纺织企业工艺生态创新有正向作用。

H3c：自愿型政策对纺织企业管理生态创新有正向作用。

H4：纺织企业产品生态创新对纺织企业经济绩效有正向作用。

H5：纺织企业工艺生态创新对纺织企业经济绩效有正向作用。

H6：纺织企业管理生态创新对纺织企业经济绩效有正向作用。

H7a：命令控制型政策对纺织企业经济绩效有正向作用。

H7b：市场型政策对纺织企业经济绩效有正向作用。

H7c：自愿型政策对纺织企业经济绩效有正向作用。

由此，与七大假设相对应，建立纺织产业环境政策对企业生态创新与经济绩效影响的理论框架（见图 6-1）。

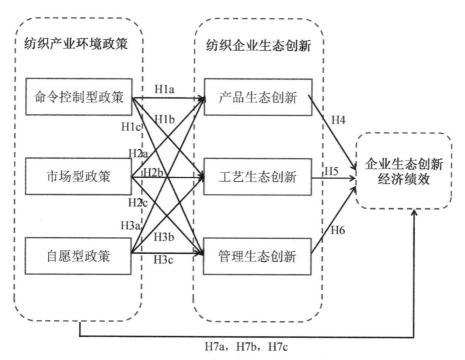

图 6-1　纺织产业环境政策对企业生态创新与经济绩效影响的理论框架

本章小结

本书第三章对纺织产业环境政策内容进行了分析,第五章通过扎根理论对纺织企业生态创新维度与作用结果进行了研究,在此基础上建立纺织产业环境政策对企业生态创新与经济绩效影响的概念模型。确定纺织产业生态创新类型及其内涵,梳理三种纺织企业生态创新类型对纺织企业经济绩效的影响,在前文基于内容分析纺织产业环境政策类型的基础上,分析环境政策对企业产品生态创新、工艺生态创新与管理生态创新的影响,并分析命令强制型、市场型与自愿型环境政策对企业经济绩效的影响,通过梳理三者之间的关系,本章提出七大假设。

纺织产业环境政策感知对企业产品生态创新、工艺生态创新与管理生态创新具有积极作用,纺织企业生态创新能够提高企业经济绩效。第七章将通过问卷调查的实证研究方法验证假设,并对结果进行深入分析。

第七章
问卷设计与小样本前测

以往的研究对企业生态创新的不同侧面提供了丰富的借鉴,但是对于纺织企业生态创新仍缺乏基于大样本的实证研究与量化分析,调查纺织企业的大样本研究有助于提出政策建议并扩展研究的普适性。因此,本研究在对我国近三十年纺织产业环境政策进行内容分析以及对纺织企业生态创新维度与作用效果的扎根理论研究后,在纺织企业层面进行问卷调查,实证分析纺织企业环境政策感知、生态创新与企业经济绩效的作用关系,围绕"环境政策认知——生态创新行为——生态创新经济绩效"之间的逻辑关系展开研究,基于问卷调查结果的数据分析对理论模型与相关假设进行验证。为了保证实证研究的信度与效度,在进行大样本问卷调查之前,本研究先进行小样本前测并修正完善问卷。本章对问卷设计、初始测量条款形成与小样本测试进行全面阐述。

第一节　问卷设计

一、问卷设计过程

本问卷总体设计主要基于李克特量表法,即评估者以同意或不同意的程度对态度、对象或事件加以评点。每份问卷针对一家企业,从客观上对该企业的环境政策感知、生态创新行为与生态创新经济绩效相关题项进行打分评价。

根据本书研究内容,参考 Hinkin(1995)提出的问卷设计步骤,本书的问卷设计过程通过以下两个步骤进行。首先,进行文献研究与新量表开发。基于对环境政策、企业生态创新与企业生态创新绩效相关文献的梳理分析,寻找已有的相关测量量表,学者们聚焦纺织产业的相关研究较显单薄。纺织产业环境政策与纺织企业生态创新维度还没有成熟量表,基于本书前文对这两部分的深入分析,开发新的量表,并结合相关文献进行比较,分析其合理性。围绕企业生态创新经济绩效有较多相关研究,其测量量表依据相关文献。进行文献研究与新量表开发后,形成调查问卷的初稿。

然后,在形成问卷初稿的基础上,邀请专家小组对测量条款进行评价修正。按照 Podsakoff(2003)的观点,在测量条款池形成之后,需要对条款的内容效度做进一步的评价,检验测量条款能够评价相同内容的程度或内容材料被抽样测量的良好程度,包括表面效度或逻辑效度。其中,表面有效性是从表面字面意义初步测量,而逻辑效度更严格,需要对内在逻辑进行论证,方式之一是通过邀请专家小组评估测量条款的内容效度。

本研究邀请丰富生态创新经验的四位专家(包括纺织行业协会负责人、企业高层管理人员),对初始问卷的所有项目进行探讨,邀请他们对初始问卷提出宝贵意见与建议以确认问卷内容与效度,相继与其探讨问卷问题之间的逻辑关系、测量题项设计、题目表述措施合理性、清晰性与维度结构等问题,并询问他们对测量题项增减的建议。深入探讨后,根据专家小组意见,保留所有的测量题项,题目维度结构不改变,修改了部分题项的表述与选择项,以提高问卷对纺织企业测量的针对性与精确度,修改部分包括:将"我公司排污要承担相应的税费"改为"我公司排污要承担相应的环保税",原因是 2018 年 1 月 1 日起开始正式实施环境保护税,纺织企业要承担环保税,之前政策中涉及的排污交费都合在环保税中,在问卷调查的时间区间内,企业需要缴纳的是环保税;为了易于企业理解,将"近三年,相对行业平均水平,贵公司的市场份额增长率"改为"近三年,贵公司的市场占有率增长情况";将"近三年,相对行业平均水平,贵公司的营业收入增长率"改为"近三年,贵公司的主营业务收入增长情况",将"近三年,相对行业平均水平,贵公司的净利润率"改为"近三年,贵公司的净利润增长情况"。对于企业基本情况题中的企业类型,即企业所属的纺织产业具体行业,听取几位专家的意见,将其选项设置为纺织、印染、化纤、服装与产业用纺织品这几类企业;在填写问卷人员的职务一栏,除了高层、中层、基层管理人员外,加入"董事会成员"这一选项。根据几位专家建议,将初始问卷中企业规模(员工数量)进行了调整,以更符合企业实际情况。由此形成调查问卷的修改稿。

二、问卷的基本内容

本研究设计出关于纺织产业环境政策、纺织企业生态创新以及企业创新经济绩效的测量量表,用李克特五点量表法进行测量。为提高问卷信度,采用对环境政策、生态创新和企业经济绩效三变量多题项进行测量。在小样本前测中测量数据的信度,进行探索性因子分析,对初始问卷进行删减修正,进而形成正式问卷。随后进行大样本正式调研,进行验证性因子分析与结构方程模型分析,探索纺织产业相关环境政策对纺织企业生态创新与企业经济绩效的影响机理。

围绕研究目的与研究内容,本研究设计的初始调查问卷包括四部分内容。第一部分为纺织产业环境政策的测量,根据第三章纺织产业环境政策内容分析的研究结论编制量表;第二部分为纺织企业生态创新的测量,量表编制基于第五章扎根理论视域下纺织企业生态创新维度的研究结论;第三部分是企业经济绩效的测量;第四部分为企业基本信息。在完成初始问卷后,为了保证问卷填写的有效性,将第四部分企业基本信息放在问卷最前面,并设置甄别问题以排除部分受访者,包括非纺织产业的受访者与非企业中高层管理人员的受访者。

第二节　测量条款形成

由于已有的成熟量表具有经过严格测试得到的信度与效度,以往多数研究认为问卷调查实证分析中主要以采用已有成熟量表为主。当已有量表的背景与进行中的研究背景存在较大差异时,直接使用已有量表不能满足研究需要,需要开发新的量表。本研究涉及的变量,包括纺织产业环境政策(命令控制型环境政策、市场型环境政策与自愿型环境政策)、纺织企业生态创新(产品生态创新、管理生态创新与工艺生态创新)与企业经济绩效。已有研究中包含环境政策与生态创新相关的测量维度与量表,对企业经济绩效也有成熟量表,具有良好的信度和效度。本研究对企业经济绩效的测量基于已有的成熟量表。但是,已有研究较少关注纺织产业环境政策与纺织企业的生态创新行为,目前还没有对这两个变量的成熟量表,为了保证研究的特异性与精确性,本研究自行开发量表,对纺织产业环境政策的测量基于第三章纺织产业环境政策内容分析的研究结论,对纺织企业生态创新的测量基于第五章扎根理论视域下纺织企业生态创新维度的研究结果。总体而言,本研究将采取已有量表与自行开发量表相结合的方式形成完整问卷。

参考第三章纺织产业环境政策的内容分析研究,以及 Xu et al.(2018)的纺织环境政策研究,发现近 28 年我国中央政府层面颁布的纺织产业相关环境政策主要包括三类政策工具,即命令控制型政策工具、市场型政策工具与自愿性政策工具,所以第一部分选取各类政策工具类别中占比排名较高的政策工具来测量其所在政策工具类别,通过企业内部对政策的感知来衡量国家颁布的纺织产业环境政策,初始问卷对环境政策的测量共设 11 个问题;第二部分为纺织企业生态创新的测量,根据扎根理论分析结果,将纺织企业生态创新划分为产品生态创新,工艺生态创新与管理生态创新三维度,共设 15 个问题;第三部分为企业经济绩效的测量,共设 4 个问题;第四部分为企业基本信息,包括企业类型(调查对象包括纺织、印染、化纤、服装与产业用纺织品企业),受访者职务、年龄、性别、学历,企业成立年限与企业规模(员工数),共设 7 个基本信息问题。

一、纺织产业环境政策的初始测量条款

依据第三章我国中央政府在纺织产业环境监管的政策实施情况,在选取政策的三类政策中,最频繁使用的政策工具作为解释变量。在命令控制型政策中,污染治理检查(38.24%)、许可与审批(24.12%)、标准(17.65%)、禁令(11.18%)这四种政策工具占比较大,共占该政策类型的 91.19%,选择这四种政策工具测量命令控制型政策。市场型政策中,首先选取两种比重最大的政策工具,即补贴与罚款,这两类政策占市场型政策的 70.58%,环境相关税收仅次于这两类政策工具,占比 26.47%,三类政策共占市场型政策的 97.05%。纺织产业环境政策内容分析的研究区间是从 1989 到 2016 年的环境政策,环境相关税收方面的规定在 2018 年有所变动,《中华人民共和国环境保护税法》由中华人民共和国第十二届全国人民代表大会常务委员会于 2016 年 12 月 25 日通过,并自 2018 年 1 月 1 日起正式施行,对计税依据和应纳税额、税收减免和征

收管理均有详细规定,政府正逐渐加强对企业绿色转型的多种监管,政府将所有与环境相关的税收都归为环境保护税进行征收。

考虑到问卷收集时间为2018年,环保税已经实施,结合问卷设计后专家的意见,用环保税替代环保相关税收进行测量更为贴切,因此市场型政策从补贴、罚款与环保税三方面进行测量。在自愿型政策中,技术创新(36.55%)、环境监测与评价(22.76%)、信息公布(22.07%)与公众参与(8.97%)这四类政策工具比重较大,共占自愿型政策的90.35%,选择这四种政策工具衡量自愿型政策。因此三类纺织环境政策分设11个问题进行测量,结合马富萍等(2011),胡元林、李雪(2018)相关研究,以环境政策的变量测量量表设置题项,通过pc1到pc4四个题项来测量命令控制类型政策,市场型政策由pm1到pm3三个题项来测量,pv1到pv4这四个题项用来测量自愿型政策。具体题项如表7-1所示。

表7-1 纺织产业环境政策的测量

变量	条款编号	测量条款
命令控制型政策	pc1	环境监管部门对我公司的污染治理情况有比较严格的规定
	pc2	我公司面对的排污降耗标准、减污技术标准和生产技术标准比较严格
	pc3	我公司面对的环境监管部门对环保相关项目有严格的许可与审批程序
	pc4	我公司若违反政策相关禁令,将受到严格的处罚
市场型政策	pm1	我公司若治理环境污染得当,能得到政府的补贴
	pm2	我公司若违反治理环境政策要求,会受到罚款
	pm3	我公司排污要承担相应的环保税
自愿型政策	pv1	我公司自愿采用先进的清洁生产技术,遵循行业环境标准
	pv2	我公司主动配合环境监管部门的环境监测
	pv3	我公司能够及时、准确地对外发布环境信息
	pv4	我公司响应政策,积极参与生态相关活动

二、纺织企业生态创新的初始测量条款

迄今为止,聚焦我国纺织企业生态创新维度的相关实证研究仍较为单薄。

国外学者对纺织企业生态创新与绿色可持续行为已有部分研究，但研究背景不同。相关研究不适用于考量我国纺织企业生态创新行为，而且国内外现有相关研究还没有聚焦纺织企业生态创新的成熟测量量表。因此，为了形成适用于测量我国纺织企业生态创新的有效量表，本研究首先基于第五章扎根理论对我国纺织企业生态创新行为进行探究，通过深度访谈纺织企业收集数据，探索我国纺织企业在实际情境中的生态创新行为；运用扎根理论方法探究其内涵，以及不同生态创新行为相互之间的联系，得出测量量表。通过扎根理论方法分析得出，纺织企业生态创新包括三个主范畴，即产品生态创新、工艺生态创新与管理生态创新。其中还有包含 16 个副范畴：产品生态创新包括采用环保材料、减少产品能耗量、使用再生材料、考虑产品易回收再利用；工艺生态创新包括更新设备、更新生产工艺、降低有害物质或废水废气排放量、使用新能源、回收利用废水废气、使用清洁技术、减少毒性与化学试剂的使用或采用替代品；管理生态创新包括积极参与生态创新活动、员工生态培训、推行生态文化、为生态创新投入高比例资金。

通过第二章文献综述对生态创新维度的文献梳理，已有研究对生态创新的不同划分方法主要可归为生态产品创新、生态工艺创新与生态组织创新，本研究基于扎根理论对纺织企业生态创新维度的研究结论与这种划分方式一致。与已有的国外相关研究比较，Resta & Ciarapica(2014)通过梳理纺织企业生态创新与可持续行为的相关文献，将纺织服装皮革企业的生态创新分为产品与服务、供应链管理、生产过程、文化、管理与其他这六个维度。Fani et al.(2016)在其研究基础上，将纺织企业生态创新分为产品、供应链管理与生产过程三大维度。本书通过扎根理论研究发现，产品生态创新和工艺生态创新这两个维度与以上研究结果相似，管理生态创新的内容与 Resta & Ciarapica(2014)提出的文化与管理两个维度的内容相似。

从内容效度考察量表内容的适当性和代表性，对纺织企业生态创新维度的测量工具涵盖了它所要测量的所有层面。在扎根理论视域下对数据进行逐层分析，得出其测量维度。在得出结论后与已有相关研究进行比较，确定初始测量量表，并邀请专家小组对研究量表进行指导建议和评价，吸纳他们对量表的修改意见，进一步修正完善。因此，针对纺织企业生态创新提出的各项变量以及相应指标具有一定的内容效度。纺织企业生态创新的具体测量题项如表7-2。

表 7-2 纺织企业生态创新的测量

变量	条款编号	测量条款
纺织企业产品生态创新	ip1	在产品开发或设计中,选择产生最少污染量的产品材料
	ip2	在产品开发或设计中,公司经常使用再生材料作为原材料
	ip3	在产品开发或设计中,公司经常考虑该产品是否易于再回收、再利用
	ip4	在产品开发或设计中,公司尽可能地减少产品的能源消耗量
纺织企业工艺生态创新	ipp1	在制造过程中,公司经常更新设备以减少原材料使用
	ipp2	在制造过程中,公司经常更新生产工艺,以减少水、电、煤、油等能源的消耗
	ipp3	在制造过程中,公司经常减少有害物质的排放或生产过程中的"三废"排放量
	ipp4	在制造过程中,公司经常将清洁技术引入生产过程以减少污染
	ipp5	在制造过程中,公司经常使用新能源
	ipp6	在制造过程中,公司经常再利用废水
	ipp7	在制造过程中,公司经常降低毒性与化学试剂的使用或采用替代品
纺织企业管理生态创新	im1	公司的管理部门积极参与生态创新活动
	im2	公司的管理部门经常对员工进行生态方面的培训
	im3	公司推行可持续文化
	im4	公司为生态创新投入高比例的资金

三、纺织企业经济绩效的初始测量条款

在已有对企业经济绩效的测量中,主观表现测量的使用是一种广为接受的方法。受访者评估其企业经济绩效,对所有测量题项进行选择。已有研究显示,通常可以运用财务指标来衡量企业的经营绩效,主要从企业利润、收入、市场占有率与投资回报率对企业经济绩效进行测量,如在胡元林、杨爽(2018)的

研究中,其测量题项包括销售收入、净利润、总资产周转率、净资产收益率和经济增加值这些指标。与其相似,黄蝶君等(2016)通过四个指标测量经济绩效,包括销售收入、收入增长、企业利润、市场占有率。多位学者采用资产回报率衡量经济绩效,如王建明等(2010),Brockman et al.(2012)对经济绩效测量的量表中,共包含 6 个测量条款,通过与主要竞争对手相比,来衡量企业绩效:净资产收益率、销售收入增长、市场占有率、投资回报率、年净利润率、资产报酬率。

综合分析梳理已有文献对经济绩效的测量,结合王建明等(2010)的做法,本书采用资产回报率、营业收入增长率、市场份额增长率以及净利润率的情况这 4 个题目,用于测量纺织企业在生态创新下的经济绩效情况。在专家小组评估阶段,接受几位专家建议,在不改变原意的情况下对测量条款的措辞进行调整,调整后的测量条款见表 7－3。

表 7－3　纺织企业经济绩效的测量

变量	条款编号	测量条款	文献来源
企业经济绩效	epf_1	近三年,我公司的资产回报率增长情况	王建明等(2010);Brockman et al.(2012);Hojnik & Ruzzier(2016)
	epf_2	近三年,我公司的市场占有率增长情况	王建明等(2010);Brockman et al.(2012);黄蝶君等(2016)
	epf_3	近三年,我公司的主营业务收入增长情况	王建明等(2010);Brockman et al.(2012);黄蝶君等(2016);胡元林、杨爽(2018)
	epf_4	近三年,我公司的税后利润增长情况	王建明等(2010);Brockman et al.(2012);黄蝶君等(2016);胡元林、杨爽(2018)

四、纺织企业统计特征的测量

企业统计特征的测量由七个问题组成,包括企业类型、受访者职务、年龄、性别、学历,企业成立年限与企业规模(员工数)。企业类型从该纺织企业具体所在纺织行业分支进行调查,这个题项根据专家小组的意见,调查对象包括纺织、印染、化纤、服装与产业用纺织品企业,据此设置该题选项。按照 Weeks et al.(1999)对职务的划分方式,将受访者职务划分为普通员工、基层管理者、中层管理者、高层管理者。在完成问卷初稿后,征求专家小组意见,加入"董事会成员"这一选项。年龄层划分为四组,包括 25 岁以下、26~35 岁、36~45 岁与 46 岁以上。学历划分为四组:高中/中专及以下、大专、本科与硕士及以上。企业成立年限的测量划分方式参考 Dibrell et al.(2011),将年限少于三年的企业作为一个分组。进行初步划分后,在专家小组咨询阶段进行调整,修改后的问卷将企业年限划分为六组,分别是 1~3 年、4~6 年、7~9 年、10~15 年、15~20 年与 20 年以上。企业规模的调查方面,采用员工的数量测量企业规模,结合专家意见,以 50 人、100 人、200 人、500 人为分界点进行分组,分为五个企业规模划分组别,对分界点人数在选项中也详细注明,如第一个选项为"50 人以下(含 50)",更方便企业填写。

在完成问卷各个部分初始测量量表后,考虑到本研究的调查对象需要限定为纺织产业相关行业的企业中高层管理者,问卷发放方式为线上与线下相结合,为了保证线上问卷填写的有效性,问卷中设置企业基本信息部分的"企业类型"与"职务"两题为甄别题,并调整为问卷最初的两题,在这两道题目中设置"以上均不是"的选项,如果在线受访者在两题中的任一题目选择"以上均不是",则确定其不是本研究的受访对象,问卷其余题目将不显示,以排除非纺织企业的人员、纺织企业非中高层管理人员填写。考虑到企业规模差异,在小样本前测时未排除基层管理人员。问卷在经过多轮修改,专家修正即范围甄别设置后,进行小样本测试发放与收集。

第三节　小样本测试

准备好问卷的初始测量题项后,进行小样本试测以确保研究的可靠性与有效性。进行试点测试是问卷实证调查中的重要一步,以删除问卷中的无效测量题项。受访者完成问卷后,继续跟进询问其在回答问题时是否有任何困难,或认为问题存在理解歧义之处,并请他们提供建议。在小样本测试后对一些测量题项的措辞进行了改进。运用 SPSS 23.0 对回收有效问卷的数据进行检验,删除部分不合理的题目,完成对问卷初始测量量表的修正。

一、小样本问卷对象选择

小样本调查于 2018 年 3 月到 2018 年 6 月之间进行,通过多个渠道寻找样本调研对象,包括参加纺织行业校企合作对接会议,向参会企业发放问卷,并留存企业联系方式;在多位校企合作挂职老师的帮助下,联系浙江省纺织企业,走访或在线与企业中高层管理人员取得联系;走访市政府纺织相关部门,在其帮助下联系到更多纺织企业。发放问卷 137 份,回收问卷 111 份,问卷回收率为 81.02%。

在问卷回收以后,按照以下几个标准对无效的问卷进行剔除。首先,将主体部分中缺答题项累计达到或超过 10% 的问卷删除;另外,剔除明显规律性填写的问卷,例如,所有测量题项均回答同一选项,或选项 1、2、3、4、5 依次循环出现。在小样本调查问卷中没有出现缺答题项与循环回答的情况,但回收问卷中的 8 份中所有条款回答均为 5,因此将这些问卷剔除。最终得到有效问卷 103 份,问卷有效率为 92.79%。问卷有效样本的人口统计特征以及企业的统计特征表述如表 7-4 所示。

表 7-4　小样本前测所得的有效样本人口统计特征描述($N = 103$)

统计内容	内容分类	频次	百分比
性别	男	67	65.0%
	女	36	35.0%
年龄	25 岁以下	2	1.9%
	26~35 岁	35	34.0%
	36~45 岁	41	39.8%
	46 岁以上	25	24.3%
最高学历	高中/中专及以下	11	10.7%
	大专	23	22.3%
	本科	54	52.4%
	硕士及以上	15	14.6%
职务	董事会成员	20	19.4%
	高层管理者	32	31.1%
	中层管理者	51	49.5%

（续表）

统计内容	内容分类	频次	百分比
企业成立年限	1～3 年	10	9.7%
	4～6 年	6	5.8%
	7～9 年	12	11.7%
	10～15 年	32	31.1%
	15～20 年	10	9.7%
	20 年以上	33	32.0%
企业规模（员工数量）	1～50 人	23	22.3%
	51～100 人	15	14.6%
	101～200 人	21	20.4%
	201～500 人	21	20.4%
	500 人以上	23	22.3%
企业类型（纺织具体分支）	纺织企业	52	50.5%
	印染企业	14	13.6%
	化纤企业	3	2.9%
	服装企业	27	26.2%
	产业用纺织品企业	7	6.8%

二、小样本检验与结果

（1）小样本检验中首先进行信度检验，测量数据的内部一致性。信度指的是测量结果的一致性或稳定性，即可靠程度。Cronbach's α 常用来作为测试信度的标准。为了验证样本数据各题项之间的内部一致性，本研究使用 SPSS 23.0 软件中标度模块的可靠性分析来进行信度检验。一般认为 Cronbach's α 系数大于 0.7 是可接受的范围（Nunnally & Bernstein，1994）。本研究用 Cronbach's α 系数分别检验各变量的内部一致性，如果 Cronbach's α 系数大于 0.7，则通过检验，如果低于 0.7，需要删除题项，如果删除某个测量题项，系数增大，则表示可以删除该题项，在测量题项净化前后，都要重新计算 α 系数（杨静等，2015）。除了 Cronbach's α 系数，还需要观测各测量题项的"修正后的项与总计相关性"，即 CITC 值，是评价变量度量信度的观测值。按照 Farh et al.

(1997)的做法,本研究的选择标准是 CITC 大于 0.4,若存在 CITC 低于 0.4 的项目,收敛效度较差,故将其删除。通过 CITC 对测量条款进行净化后,若变量的 Cronbach's α 系数大于 0.7,则通过检验。分别对纺织产业环境政策,纺织企业生态创新与企业经济绩效进行信度检验:

　　纺织产业环境政策量表的 CITC 与内部一致性信度分析,结果如表 7 - 5 所示,命令控制型政策与市场型政策中测量题项的修正后项与总计相关性 CITC 值均大于 0.4,两个变量的 Cronbach's α 系数分别为 0.819 和 0.707,均大于 0.7,各变量均通过信度检验。自愿型环境政策测量题项的 Cronbach's α 系数小于 0.7,CITC 值较低,最低的是"pv2:环境监测",删去该题项之后,变量的一致性系数为 0.773,远大于删除前的系数 0.129。根据信度检验标准,删去 pv2 题项,再次进行信度检验,其检验结果见表 7 - 5 中的"环境政策—自愿型政策 II"。删去后 Cronbach's α 系数明显增加,从 0.687 增加到 0.773,应该将该题项删除。删除调整后纺织产业环境政策中的命令控制型政策、市场型政策与自愿型政策量表中各测量题项,有较高的内部结构一致性,符合信度要求。

表 7 - 5　小样本纺织产业环境政策的信度检验结果($N=103$)

变量类别	题项	修正后的项与总计相关性	删除该题项后的 Cronbach's α 系数	Cronbach's α 系数
环境政策——命令控制型政策	pc1	.633	.776	.819
	pc2	.618	.782	
	pc3	.607	.787	
	pc4	.712	.738	
环境政策——市场型政策	pm1	.582	.542	.707
	pm2	.525	.617	
	pm3	.472	.681	
环境政策——自愿型政策 I	pv1	.494	.606	.687
	pv2	.129	.773	
	pv3	.653	.482	
	pv4	.648	.510	

（续表）

变量类别	题项	修正后的项与总计相关性	删除该题项后的Cronbach's α 系数	Cronbach's α 系数
环境政策——自愿型政策 II	pv1	.540	.765	.773
	pv3	.641	.669	
	pv4	.675	.642	

纺织企业生态创新量表的 CITC 与内部一致性信度分析。纺织企业生态创新测量量表的信度检验结果见表 7-6。由表 7-6 可见，各测量题项的 CITC 值全部高于 0.4。其中 ipp1 与 ipp6 的 CITC 值为 0.498 和 0.508，删除后的 α 系数变动幅度非常小，仍保留两个题项，产品生态创新、工艺生态创新与管理生态创新的 Cronbach's α 系数均大于 0.7，各变量均通过信度检验。

表 7-6　小样本纺织企业生态创新的信度检验结果（$N=103$）

变量类别	题项	修正后的项与总计相关性	删除该题项后的Cronbach's α 系数	Cronbach's α 系数
生态创新——产品生态创新	ip1	.522	.672	0.732
	ip2	.573	.641	
	ip3	.481	.700	
	ip4	.524	.673	
生态创新——工艺生态创新	ipp1	.498	.835	0.841
	ipp2	.678	.807	
	ipp3	.564	.824	
	ipp4	.710	.800	
	ipp5	.715	.800	
	ipp6	.508	.834	
	ipp7	.512	.831	
生态创新——管理生态创新	im1	.615	.806	0.831
	im2	.725	.755	
	im3	.659	.786	
	im4	.647	.795	

企业经济绩效量表的 CITC 与内部一致性信度分析。纺织企业经济绩效测量量表的信度检验结果见表 7-7。从表 7-7 可见,测量题项的 CITC 值全部高于 0.4,变量的 Cronbach's α 系数为 0.819,大于 0.7,通过信度检验。

表 7-7　小样本纺织企业经济绩效的信度检验结果(N=103)

变量类别	题项	修正后的项与总计相关性	删除该题项后的 Cronbach's α 系数	Cronbach's α 系数
企业经济绩效	epf_1	.616	.784	0.819
	epf_2	.584	.801	
	epf_3	.737	.727	
	epf_4	.636	.775	

(2)由于本研究对纺织产业环境政策与纺织企业生态创新的测量均采用新开发的量表,因此为了明确各个变量的维度结构,避免变量间存在交叉测量的条款,需要对测量条款进行探索性因子分析。

本研究用 KMO(Kaiser-Meyer-Olkin)样本充分性测度值和巴特莱特球体检验(Bartlett Test of Sphericity)来判断是否可以进行因子分析。KMO 是用于比较变量间简单相关系数和偏相关系数的指标。KMO 值接近 1,表示变量之间的相关性较强,原有变量适合做因子分析。Kaiser 给出了常用的 KMO 度量标准:0.9 以上表示非常适合;0.8 到 0.9 之间表示适合;0.7 到 0.8 之间表示一般适合;0.6 到 0.7 之间表示不太适合;0.5 以下表示极不适合。一般认为,Bartlett 球体检验统计值的显著性概率小于 0.05,KMO 值大于 0.7,且各题项的负荷系数均大于 0.5 时,可以通过因子分析将同一变量的各测量题项合并为一个因子(马庆国,2002)。

对纺织产业环境政策的 10 个相关题项进行探索性因子分析,分析结果如表 7-8。将问卷数据进行样本抽样适当性 KMO 检验与巴特莱特球形检验,KMO 值为 0.807,且 Bartlett 统计值的显著性概率 P 值为 0.000<0.001,具有高度相关性,问卷结构效度较好,适合因子分析。采用主成分分析法进行因子提取,采用方差最大法作为因子旋转的方法,三个特征根值大于 1 的公因子,其累计方差解释量达到 67.50%。根据因子载荷分布来判断,提取"命令控制型政

策""市场型政策"与"自愿型政策"三个因子。其中命令控制型政策为题项
pc1,pc2,pc3,pc4,市场性政策包括题 pm1,pm2,pm3,自愿型政策的题项为
pv1,pv3 和 pv4。

表 7 - 8　小样本纺织产业环境政策探索性因子分析的旋转成分矩阵($N=103$)

	因子载荷		
	因子 1	因子 2	因子 3
pc1	.834	.107	.077
pc2	.794	.092	.136
pc3	.589	.402	.340
pc4	.770	.206	.283
pm1	.067	.244	.800
pm2	.197	.089	.753
pm3	.242	—.042	.729
pv1	.179	.780	—.114
pv3	.138	.826	.183
pv4	.130	.820	.233

提取方法:主成分分析法。

旋转方法:凯撒正态化最大方差法。旋转在 5 次迭代后已收敛。

　　对纺织企业生态创新的 15 个相关题项进行探索性因子分析,删除所有因
子上的负荷均小于 0.5 或在两个及以上因子的负荷大于 0.5(即横跨因子的情
况)的测量条款。KMO 值为 0.875,且 Bartlett 统计值的显著性概率小于
0.001,适合进行因子分析。初次采用主成分分析法进行因子提取,采用方差最
大法作为因子旋转的方法检验后,累计方差解释量 62.061%,提取三个特征根
值大于 1 的公因子。存在所有因子负荷小于 0.5 的题目 ipp7,将其删去。根据
每次只删除一个题目的原则,重新检验和分析,然后删除跨因子负荷量最大的
题目,删去 ipp2,随后仍有跨因子题目 ipp3,将其删去。重新检验分析后,ipp1
在两个因子负荷量大于 0.5 的情况,故将其删除。最后 ip1 为跨因子题目,也将
其删去。在这个步骤中,按照变量删除原则,依次删去测量题项 ipp7,ipp2,
ipp3,ipp1,ip1 共五题,每次删除一个题目,删除后进行重测检验与分析。删除

题项后的纺织企业生态创新包括 10 个题项,其探索性因子分析结果如表 7 - 9。三个特征根值大于 1 的公因子,其累计方差解释量为 69.519%。根据因子载荷分布来判断,提取"产品生态创新""工艺生态创新"与"管理生态创新"三个因子。其中产品生态创新为题项 ip2,ip3,ip4,题项 ipp4,ipp5,ipp6 为工艺生态创新,管理生态创新的题项为 im1,im2,im3,im4。

表 7 - 9 小样本纺织企业生态创新探索性因子分析的旋转成分矩阵($N = 103$)

	因子载荷		
	因子 1	因子 2	因子 3
ip2	.402	−.037	.723
ip3	−.141	.488	.677
ip4	.230	.089	.799
ipp4	.227	.812	.181
ipp5	.294	.814	.232
ipp6	.346	.706	−.110
im1	.606	.390	.268
im2	.710	.370	.215
im3	.786	.122	.209
im4	.804	.268	.043

提取方法:主成分分析法。

旋转方法:凯撒正态化最大方差法。旋转在 7 次迭代后已收敛。

对企业经济绩效的 4 个相关题项进行探索性因子分析,进行 KMO 检验与巴特莱特球形检验,KMO 值为 0.794,且 Bartlett 统计值的显著性概率 P 值为 0.000<0.001,适合进行因子分析。采用主成分分析法进行因子提取,采用方差最大法作为因子旋转的方法,得出一个特征根值大于 1 的公因子,其累计方差解释量为 65.184%,提取"企业经济绩效"这个因子,包括题项 epf_1 到 epf_4。

三、问卷初始测量量表的修改

纺织产业环境政策量表的 CITC 与内部一致性信度分析中,根据信度检验标准,删去测量题项 pv2,即"我公司主动配合环境监管部门的环境监测"。对纺织企业生态创新的相关题项进行探索性因子分析时,初次检测存在题项的多个因子负荷量小于 0.5 与多个因子负荷量大于 0.5 的情况。按照变量删除原则,依次删去测量题项 ipp7"生产过程中降低毒性与化学试剂的使用,或采用替代品";ipp2"更新生产工艺";ipp3"减少生产过程中的有害物质排放或'三废'排放量",ipp1"更新设备";ip1"产品开发设计中,选择环保产品材料"共五题。通过对问卷初始测量量表的小样本检测,修正初始量表。

本章小结

　　本章对初始问卷的设计过程,问卷基本内容进行阐述。基于前文内容分析与扎根理论研究结论,并与相关文献结合分析,分别形成纺织产业环境政策初始测量量表与纺织企业生态创新初始测量量表,根据文献形成纺织企业经济绩效的初始测量量表。根据专家小组意见多次修改后,形成小样本检测的调查问卷。在小样本试测后,根据检测结果,对问卷进行有针对性的修改,得到大样本正式调研的问卷。

第八章

纺织企业环境政策对企业生态创新影响的实证研究

完成小样本前测并有针对性地将问卷修正的基础上,本章将进行大样本数据收集与实证分析。主要论述以下几部分内容:第一部分,说明研究数据收集的方法与具体情况,并对数据的基本特征进行描述性统计分析;第二部分,通过CITC、探索性因子分析、验证性因子分析等方法对变量的信度和效度进行检验;第三部分,在完成验证性因子分析检验量表的信度与效度的基础上,采用结构方程建模,进行模型适配度检验和拟合优度检验等分析工作,对理论模型与研究假设进行检验。

第一节　研究数据收集与统计描述

一、问卷对象选择

样本对象选择方面,本书研究对象是纺织企业,包括化纤、纺织、印染与成衣加工生产企业等不同行业分支。从本书第三章纺织产业环境政策内容分析对相关政策系统梳理可见,中央政府颁布的相关政策针对纺织产业价值链中的不同阶段,包括研发、投资、生产与消费,涉及纺织产业中多个不同行业分支,包括化纤、纺织、印染这些企业,另外还有服装企业、产业用纺织品企业。这些纺织行业的不同企业都属于调研对象。在选定行业范围后,对行业内的企业选择以全面性为首要标准,包括不同规模与不同成立年限的纺织企业,对被调查者,由于问卷涉及对国家环境政策的感知以及生态创新实践与企业创新经济绩效,需要确保企业被调查者有能力对企业作出比较客观的判断,因此选择企业的董事会成员。高层管理者或中层管理者作为被调查者。在确定了样本限定条件为企业所属行业与被调查者职务后,问卷中设置甄别问题以排除部分受访者来提高问卷填写的有效性,将企业基本信息中的"企业所属行业"与"职务"两题作为甄别题,与其他企业基础信息题设置在问卷最前面,以排除非纺织产业人员与纺织企业中非董事会成员或中高层管理人员。

问卷对象确定后,受调研时间等资源限制,为尽可能多地接触到纺织行业不同分支的企业,通过政府纺织相关部门的帮助,纺织行业协会的帮助,个人与学校的社会网络关系,尽可能多地扩展联系范围,线上联系与线下走访结合,从多个渠道与调查企业取得联系,在问卷对象的原则下不断扩大研究抽样框。样本规模方面,陈正昌等(2005)认为在探索性因子分析时样本量与测量条款比例最低为 3:1,Hoelter(1983)提出在进行验证性因子分析时,样本量最低为 200个。按照以上途径发放的问卷主要集中在 2018 年 7 月到 9 月之间,共回收问卷 286 份,剔除不完整问卷,包括问卷中只填写了企业信息,其他题项全部空缺的问卷,答题具有明显规律性,包括所有选项都选择 5,或循环回答 1~5 的问卷,得到有效问卷 225 份,有效问卷回收率 87.89%。

二、样本的描述性统计分析

有效样本涵盖行业包括纺织产业中的纺织、印染、化纤、服装与产业用纺织品行业,企业规模包括大中小型企业,大样本调研所得有效样本的企业统计特征描述见表 8-1。

表 8-1　大样本企业基本特征的分布情况统计($N=225$)

统计内容	内容分类	频次	百分比
性别	男	146	64.9%
	女	79	35.1%
年龄	25 岁以下	5	2.2%
	26~35 岁	97	43.1%
	36~45 岁	87	38.7%
	46 岁以上	36	16%

（续表）

统计内容	内容分类	频次	百分比
最高学历	高中/中专及以下	19	8.4%
	大专	35	15.6%
	本科	138	61.3%
	硕士及以上	33	14.7%
职务	董事会成员	40	17.8%
	高层管理者	74	32.9%
	中层管理者	111	49.3%
企业成立年限	1～3 年	17	7.6%
	4～6 年	12	5.3%
	7～9 年	41	18.2%
	10～15 年	74	32.9%
	15～20 年	25	11.1%
	20 年以上	56	24.9%
企业规模（员工数量）	1～50 人	40	17.8%
	51～100 人	45	20.0%
	101～200 人	58	25.8%
	201～500 人	42	18.7%
	500 人以上	40	17.8%
企业类型（纺织具体分支）	纺织企业	82	36.4%
	印染企业	24	10.7%
	化纤企业	16	7.1%
	服装企业	94	41.8%
	产业用纺织品企业	9	4.0%

第二节　信度和效度检验

关键的信度和效度指标包括内容效度、收敛效度、区分效度和信度（Bagozzi & Phillips，1982）。信度需要通过 Cronbach's α 系数与修正后的项与总计相关性即 CITC 进行评价,内容效度主要依据文献以及专家意见进行评价(Moore & Banbasat,1991),收敛效度、区分效度需要借助探索性因子分析、验证性因子分析进行评价。本书按照"政策——行为——绩效"的逻辑思路展开研究,涉及命令控制型政策、市场型政策与自愿型政策,产品生态创新、工艺生态创新与管理生态创新以及企业创新经济绩效多个变量。从第七章的论述中可见,测量条款基于文献梳理,并将基于扎根理论分析得出的测量量表与文献对比探讨,邀请专家对测量题项进行评价,保证了测量题项的内容效度。在此基础上,对大样本数据进行探索性因子分析与信度检验,确定变量的内部构成,随后进行验证性因子分析,进一步明确变量的维度结构。

一、探索性因子分析

正式调研的问卷测量题项为 24 个,有效样本量为 225 份,测量条款与有效样本量之比为 1:9.375,符合陈正昌等(2005)提出的因子分析对样本量的基本要求。本研究采用主成分分析法进行因子提取,采用方差最大法进行因子旋转。根据 Straub & Gefen(2004)的做法,删除单个题项自称一个因子的测量条款,而且删除在所有因子负荷均小于 0.5 或两个及以上因子负荷均大于 0.5 的测量条款。

(一)纺织产业环境政策的探索性因子分析

对纺织产业环境政策 10 个测量题项进行探索性因子分析,KMO 值为 0.800,大于 0.7,且 Bartlett 统计值的显著性概率 P 值为 0.000<0.001,适合进行因子分析。累计解释方差为 63.527%,得到三个特征值大于 1 的公因子,旋转成分矩阵见表 8-2,其中因子1"命令控制型政策"包括测量题项 pc1 到 pc4,因子 2"自愿型政策"包括 pv1,pv3 和 pv4,因子 3"市场型政策"包括 pm1 到 pm3。量表效度较高,测量有效。

表 8-2　大样本纺织产业环境政策探索性因子分析的旋转成分矩阵($N=225$)

	因子载荷		
	因子 1	因子 2	因子 3
pc1	.734	.147	.023
pc2	.718	.058	.261

（续表）

	因子载荷		
	因子1	因子2	因子3
pc3	.777	.253	.109
pc4	.720	.222	.224
pm1	−.009	.125	.782
pm2	.251	.060	.760
pm3	.243	−.007	.769
pv1	.225	.753	−.016
pv3	.139	.801	.094
pv4	.154	.813	.107

提取方法：主成分分析法。

旋转方法：凯撒正态化最大方差法。旋转在 5 次迭代后已收敛。

（二）纺织企业生态创新的探索性因子分析

对纺织企业生态创新的 10 个题项进行探索性因子分析，KMO 值为0.811，且 Bartlett 球体检验显著，适合进行因子分析。采用方差最大法作为因子旋转的方法检验后，累计方差解释量为 64.414％，得到三个因子，分别为因子1"管理生态创新"（im1 到 im4），因子 2"工艺生态创新"（ipp4 到 ipp6），因子 3"产品生态创新"（ip2 到 ip4）。整体主成分因子负荷较高，测量量表有效，如表 8-3。

表 8-3　大样本纺织企业生态创新探索性因子分析的旋转成分矩阵（$N=225$）

	因子载荷		
	因子1	因子2	因子3
ip2	.432	.023	.719
ip3	.102	.206	.731
ip4	.227	.089	.794
ipp4	.111	.835	.164
ipp5	.126	.873	.196
ipp6	.260	.733	−.013
im1	.590	.228	.200

（续表）

	因子载荷		
	因子 1	因子 2	因子 3
im2	.815	.084	.126
im3	.738	.110	.188
im4	.689	.220	.248

提取方法：主成分分析法。

旋转方法：凯撒正态化最大方差法。旋转在 5 次迭代后已收敛。

（三）纺织企业经济绩效的探索性因子分析

对企业生态创新经济绩效的 4 个相关题项进行探索性因子分析，进行 KMO 检验与巴特莱特球形检验，KMO 值为 0.781，且 Bartlett 球体检验显著，适合进行因子分析。得出一个特征根值大于 1 的公因子，其累计方差解释量为 63.290%，提取"纺织企业经济绩效"这个因子，包括题项 epf_1 到 epf_4。

二、信度检验

本研究选取修正后的项与总计相关性 CITC 值 0.40 作为净化测量条款的分界点，对 225 份有效样本数据进行各个变量的内部一致性分析并检验 CITC 值，见表 8‑4，各个变量中的所有题项 CITC 值均大于 0.4，CITC 值偏低的题项是 pm1，ip3 与 im1，其他题项 CITC 均大于 0.5，但删除 pm1 和 im1 后 Cronbach's α 系数没有提高，删除 ip3 后系数值增加幅度有限，所以保留题项。在经过探索性因子分析后，各变量的测量量表内部一致性信度较好，满足研究要求。

表 8‑4　环境政策与纺织企业生态创新等各变量的信度检验结果（$N=225$）

变量类别	题项	修正后的项与总计相关性	删除该题项后的 Cronbach's α 系数	Cronbach's α 系数
环境政策——命令控制型政策	pc1	.525	.756	.777
	pc2	.554	.737	
	pc3	.637	.695	
	pc4	.616	.705	

（续表）

变量类别	题项	修正后的项与 总计相关性	删除该题项后的 Cronbach's α 系数	Cronbach's α 系数
环境政策—— 市场型政策	pm1	.466	.684	
	pm2	.544	.580	.702
	pm3	.552	.571	
环境政策—— 自愿型政策	pv1	.538	.683	
	pv3	.567	.656	.739
	pv4	.597	.624	
生态创新—— 产品生态创新	ip2	.596	.556	
	ip3	.451	.730	.719
	ip4	.577	.586	
生态创新—— 工艺生态创新	ipp4	.651	.704	
	ipp5	.731	.611	.793
	ipp6	.535	.825	
生态创新—— 管理生态创新	im1	.456	.741	
	im2	.623	.649	.751
	im3	.575	.679	
	im4	.538	.699	
企业经济绩效	epf_1	.582	.772	
	epf_2	.549	.788	.803
	epf_3	.708	.710	
	epf_4	.640	.744	

三、验证性因子分析

为进一步明确各变量的维度结构，为假设模型提供有意义的检验和拟合指标，本研究采用 AMOS 23.0 软件对纺织产业环境政策、纺织企业生态创新与企业经济绩效的维度结构进行验证性因子分析。开展模型适配度检验，以评价假设的路径分析模型图与统计数据是否相互适配。本研究根据吴明隆（2009）对整体模型适配度的评价指标及评价标准，评价模型的适配指数选取，反映模型适配度是否契合的指标 χ^2/df（小于 5 通过验收），反映非集中参数改善情况 CFI（参照标准大于等于 0.90），非规准适配指数 TLI（参照标准大于等于 0.90），近似误差均方根 RMSEA（小于 0.10 通过验收），规范拟合指数 NFI（参照标准大于等于 0.90），拟合优度指数 GFI（参照标准大于等于 0.90），调整拟合优度指数 AGFI（参照标准大于等于 0.80），简约拟合优度指数 PGFI（参照标准大于等于 0.50），增值拟合优度指数 IFI（参照标准大于等于 0.90）。

（1）对纺织企业生态创新的维度结构进行验证性因子分析，从前文企业调研数据分析，纺织企业生态创新中的产品生态创新、工艺生态创新与管理生态创新具有一定相关性，因此进行斜交验证性因子分析。分析结果如表 8-5，对纺织企业生态创新的维度结构拟合结果表明，χ^2/df 值为 1.730，其他各评价指标通过评价标准，各路径系数在 $p<0.001$ 的水平上具有统计显著性。该一阶验证性因子模型拟合效果很好，本研究对纺织企业生态创新的产品、工艺和管理三个维度的划分与测量有效，测量模型见图 8-1。

表 8-5　纺织企业生态创新维度结构的验证性因子分析结果（N=225）

路径	标准化系数	路径系数	S.E.	C.R.	P
ip2 再生材料作为原材料←产品生态创新	.818	1.000			
ip3 产品易于再回收再利用←产品生态创新	.533	.602	.085	7.086	***
ip4 减少产品能源消耗量←产品生态创新	.699	.764	.086	8.874	***
ipp4 清洁技术←工艺生态创新	.774	1.000			
ipp5 使用新能源←工艺生态创新	.902	1.231	.116	10.588	***
ipp6 回收利用废水废气←工艺生态创新	.601	.820	.094	8.703	***
im1 积极参与生态创新活动←管理生态创新	.561	1.000			
im2 员工生态培训←管理生态创新	.701	1.300	.181	7.188	***
im3 推行可持续文化←管理生态创新	.659	1.136	.163	6.950	***
im4 为生态创新投入高比例资金←管理生态创新	.713	1.372	.189	7.253	***

（续表）

拟合指数	拟合值	参照标准	拟合指数	拟合值	参照标准	拟合指数	拟合值	参照标准
χ^2	55.359		CFI	.967	≥0.90	GFI	.958	≥0.90
Df	32		TLI	.954	≥0.90	AGFI	.928	≥0.80
χ^2/df	1.730	<5	RMSEA	.057	<0.10	PGFI	.557	≥0.50
			NFI	.927	≥0.90	IFI	.968	≥0.90

注:***表示显著性水平 $P<0.001$。

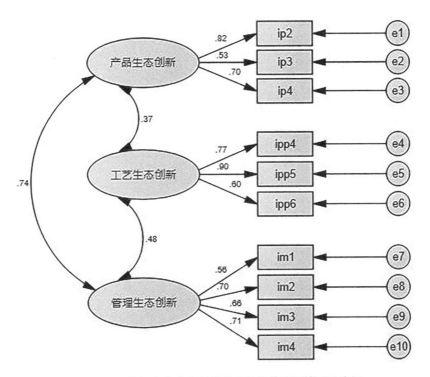

图 8-1　纺织企业生态创新维度结构的验证性因子分析

（2）对纺织产业环境政策的维度结构进行验证性因子分析,由于纺织产业环境政策工具体现政府对纺织产业的管控方向,其包含的不同类型政策工具之间具有一定相关性,因此在潜变量之间建立双向联系。分析结果如表 8-6,对纺织企业生态创新的维度结构拟合结果表明，各项评价指标通过评价标准，各路径系数在 $p<0.001$ 的水平上具有统计显著性。该模型拟合效果很好，本研究对纺织产业环境政策三类政策工具的划分与测量有效，测量模型见图 8-2。

表 8-6　纺织产业环境政策的验证性因子分析结果（$N=225$）

路径	标准化系数	路径系数	S.E.	C.R.	P
pc1 污染治理检查←命令控制型政策	.595	1.000			
pc2 排污降耗等标准←命令控制型政策	.649	.957	.131	7.299	***
pc3 许可与审批←命令控制型政策	.757	1.156	.145	7.984	***
pc4 生态相关禁令←市场型政策	.739	1.162	.147	7.889	***
pm1 生态相关补贴←市场型政策	.543	1.000			
pm2 环保相关罚款←市场型政策	.742	1.245	.194	6.430	***
pm3 排污承担环保税←市场型政策	.714	1.191	.186	6.421	***
pv1 技术创新清洁生产技术←自愿型政策	.663	1.000			
pv3 公布环境信息←自愿型政策	.701	1.162	.151	7.681	***
pv4 积极参与生态活动←自愿型政策	.740	1.024	.131	7.789	***

拟合指数	拟合值	参照标准	拟合指数	拟合值	参照标准	拟合指数	拟合值	参照标准
χ^2	45.732		CFI	.977	$\geqslant 0.90$	GFI	.962	$\geqslant 0.90$
Df	32		TLI	.968	$\geqslant 0.90$	AGFI	.935	$\geqslant 0.80$
χ^2/df	1.429	<5	RMSEA	.044	<0.10	PGFI	.560	$\geqslant 0.50$
			NFI	.929	$\geqslant 0.90$	IFI	.978	$\geqslant 0.90$

注：***表示显著性水平 $P<0.001$。

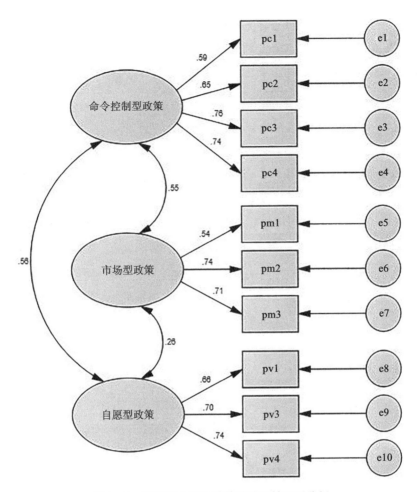

图 8‑2 纺织产业环境政策的验证性因子分析

(3)对纺织企业经济绩效的维度结构进行验证性因子分析,分析结果见表 8‑7,对纺织企业经济绩效的维度结构拟合结果表明,各项评价指标通过评价标准,各路径系数在 $p<0.001$ 的水平上具有统计显著性。该模型拟合效果良好,本研究对纺织企业生态创新经济绩效的测量有效,测量模型见图 8‑3。

表 8‑7　纺织企业经济绩效的验证性因子分析结果(*N*=225)

路径	标准化系数	路径系数	*S.E.*	*C.R.*	*P*
epf_1 资产回报率←EPF 企业经济绩效	.651	1.000			
epf_2 市场占有率←EPF 企业经济绩效	.621	.964	.125	7.723	***
epf_3 主营业务收入←EPF 企业经济绩效	.840	1.232	.134	9.226	***
epf_4 税后利润←EPF 企业经济绩效	.745	1.063	.120	8.851	***

拟合指数	拟合值	参照标准	拟合指数	拟合值	参照标准	拟合指数	拟合值	参照标准
χ^2	1.901		CFI	1.000	≥0.90	GFI	.996	≥0.90
Df	2		TLI	1.001	≥0.90	AGFI	.979	≥0.80
χ^2/df	.951	<5	RMSEA	0.000	<0.10	PGFI	.199	≥0.50
			NFI	.993	≥0.90	IFI	1.000	≥0.90

注:***表示显著性水平 *P*<0.001。

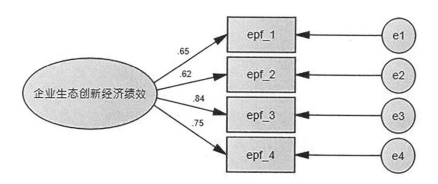

图 8‑3　纺织企业经济绩效的验证性因子分析

第三节　结构方程模型检验

通过结构方程模型分析"纺织产业环境政策——纺织企业生态创新——经济绩效"的影响机理,对本研究提出的理论模型与研究假设进行检验,根据吴明隆(2009)提出的结构方程分析步骤进行模型建构、拟合、评价和修正。

一、初步数据分析

在对结构方程模型进行数据分析前,对数据的合理性和有效性进行检验。通过前文分析,本研究的样本容量、信度与效度均达到结构方程建模要求。在构建结构方程模型前,对结构方程设计的所有变量进行简单相关分析。如表8-8所示,命令控制型政策与管理生态创新在 0.01 水平上显著正相关,与工艺生态创新在 0.05 水平上显著正相关,与经济绩效在 0.05 水平上显著正相关。市场型政策与管理生态创新在 0.05 水平上显著正相关。自愿型政策与产品生态创新、工艺生态创新与管理生态创新在 0.01 水平上均显著正相关,与经济绩效在 0.01 水平上显著正相关,产品生态创新、工艺生态创新、管理生态创新与经济绩效在 0.01 水平上显著正相关,初步验证本书的预期假设。

表 8-8　环境政策与纺织企业生态创新等各变量相关系数表($N=225$)

	变量	均值	标准差	1	2	3	4	5	6	7
1	命令控制型政策	4.3144	.6692	1						
2	市场型政策	4.1793	.5934	.392**	1					
3	自愿型政策	4.0104	.7983	.426**	.190**	1				
4	产品生态创新	4.2030	.6999	.345**	.122	.336**	1			
5	工艺生态创新	4.1393	.8131	.146*	.025	.269**	.322**	1		
6	管理生态创新	4.0033	.7229	.323**	.134*	.518**	.556**	.414**	1	
7	经济绩效	3.4444	.7685	.168*	−.005	.451**	.285**	.269**	.505**	1

注:**表示显著性水平 $P<0.01$(双尾检验);*表示显著性水平 $P<0.05$(双尾检验)。

二、初始模型构建

在理论模型中,纺织产业环境政策对生态创新影响,进而影响企业生态创新经济绩效,为了检验纺织企业生态创新的中介效应,参考 Baron & Kenny(1986)提出的中介变量条件,首先检验(a)自变量显著解释中介变量的变化,再检验(b)中介变量变化显著解释因变量的变化,最后当路径 a 与 b 被控制时,检验自变量与因变量之前显著的关系是否还显著,如果显著减少则表明一个既定的中介变量是有效的。根据这个思路,结合本研究影响机理,在理论模型的基础上,构建初始模型,运用 χ^2/df,CFI,TLI,$RMSEA$,NFI,GFI,$AGFI$,$PGFI$,IFI 拟合指数来判断实证模型的拟合程度。

(一)纺织产业环境政策对纺织企业经济绩效的影响

首先采用 AMOS23.0 分析自变量对因变量的影响,结果见表 8-9 与图 8-4。模型中拟合指标 χ^2/df 为 1.658,GFI,CFI,IFI,TLI 的值均大于 0.9,$AGFI$ 值为 0.900,$PGFI$ 值为 0.630,均在拟合接受范围内,NFI 值为 0.889,略低于参照标准。综合考虑,以上拟合指标基本在拟合接受范围内,表明模型拟合度较好。

表 8-9　纺织产业环境政策对纺织企业经济绩效影响的拟合情况($N=225$)

路径		标准化系数	路径系数	S.E.	C.R.	P
经济绩效←命令控制型政策		−.037	−.038	.129	−.297	.767
经济绩效←市场型政策		−.205	−.256	.132	−1.934	.053
经济绩效←自愿型政策		.628	.632	.127	4.993	***

拟合指数	拟合值	参照标准	拟合指数	拟合值	参照标准	拟合指数	拟合值	参照标准
χ^2	117.697		CFI	.952	≥0.90	GFI	.932	≥0.90
Df	71		TLI	.938	≥0.90	$AGFI$	.900	≥0.80
χ^2/df	1.658	<5	$RMSEA$	.054	<0.10	$PGFI$	.630	≥0.50
			NFI	.889	≥0.90	IFI	.953	≥0.90

注:***表示显著性水平 $P<0.001$。

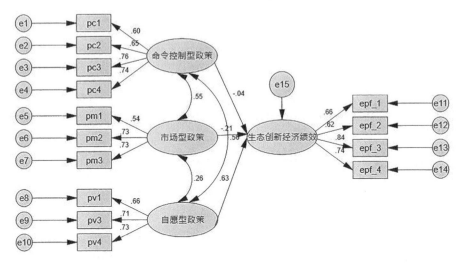

图 8 - 4 纺织产业环境政策对纺织企业经济绩效影响的关系模型

由表 8 - 9 可知,纺织产业环境中的自愿型政策对企业经济绩效有显著的正向影响作用,标准化回归系数为 0.628(p<0.01),$C.R.$值大于 1.96,而命令控制型政策与市场型政策对企业经济绩效影响路径的 $C.R.$值均小于 1.96,P值在 0.1 的显著性水平下不显著。在该层级回归分析中,假设 H7c 成立,假设 H7a 与 H7b 不成立。在纺织环境政策对企业经济绩效的影响中,自愿型政策达到了显著性水平,命令控制型政策与市场型政策均未达到显著性水平,部分满足中介效应的第一个条件。

(二)纺织产业环境政策对纺织企业生态创新的影响

根据判定中介效应的步骤,分析自变量对中介变量的影响,自变量包括命令控制型政策、市场型政策与自愿型政策,中介变量纺织企业生态创新包括产品生态创新、工艺生态创新与管理生态创新,影响分析结果见表 8 - 10 与图 8 - 5。模型中拟合指标 χ^2/df 为 1.631,CFI 值为 0.930,IFI 值为 0.931,TLI 值为 0.915,均大于 0.9,$AGFI$ 值为 0.860,$PGFI$ 值为 0.673,$RMSEA$ 值为 0.053,均在拟合接受范围内,GFI 值为 0.895,NFI 值为 0.839,略低于标准,以上指数基本在拟合接受范围内,表明模型有较好的拟合程度。

表 8‐10　纺织产业环境政策对纺织企业生态创新影响的拟合情况（$N=225$）

路径	标准化系数	路径系数	S.E.	C.R.	P
产品生态创新←命令控制型政策	.159	.201	.165	1.220	.222
工艺生态创新←命令控制型政策	−.016	−.019	.159	−.118	.906
管理生态创新←命令控制型政策	−.124	−.095	.108	−.880	.379
产品生态创新←市场型政策	−.087	−.136	.160	−.849	.396
工艺生态创新←市场型政策	−.131	−.187	.156	−1.200	.230
管理生态创新←市场型政策	−.028	−.026	.098	−.270	.787
产品生态创新←自愿型政策	.596	.838	.166	5.046	***
工艺生态创新←自愿型政策	.478	.615	.158	3.906	***
管理生态创新←自愿型政策	.948	.805	.155	5.186	***

拟合指数	拟合值	参照标准	拟合指数	拟合值	参照标准	拟合指数	拟合值	参照标准
χ^2	257.654		CFI	.930	≥0.90	GFI	.895	≥0.90
Df	158		TLI	.915	≥0.90	AGFI	.860	≥0.80
χ^2/df	1.631	<5	RMSEA	.053	<0.10	PGFI	.673	≥0.50
			NFI	.839	≥0.90	IFI	.931	≥0.90

注：***表示显著性水平 $P<0.001$，**表示显著性水平 $P<0.05$，+表示显著性水平 $P<0.1$。

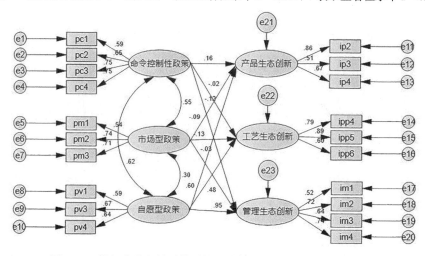

图 8‐5　纺织产业环境政策对纺织企业生态创新影响的关系模型

由表 8-10 与图 8-5 可知,纺织产业环境中的自愿型政策对纺织企业产品生态创新、工艺生态创新与管理生态创新均有显著的正向影响作用,标准化回归系数分别为 0.596($p<0.01$),0.478($p<0.01$),0.948($p<0.01$),$C.R.$值大于 1.96,命令控制型政策与市场型政策对产品生态创新、管理生态创新与工艺生态创新的路径系数在 P 小于 0.1 的显著性水平下不显著,因此在该层级回归分析中,假设 H3a,H3b,H3c 成立,假设 H1a,H1b,H1c,H2a,H2b,H2c 不成立。在纺织企业生态创新对企业经济绩效的影响中,仅自愿型政策对生态创新全部达到了显著性水平,而命令控制型政策与市场型政策的回归系数都没有达到显著水平,部分满足中介效应的第二个条件。

（三）纺织企业生态创新维度结构与纺织企业经济绩效的影响

根据判定中介效应的步骤,继续分析中介变量(产品生态创新、工艺生态创新与管理生态创新)对因变量(企业经济绩效)的影响关系,影响分析结果见表 8-11 与图 8-6。模型中拟合指标 χ^2/df 为 1.593,GFI 值为 0.937,CFI 值为 0.961,IFI 值为 0.961,TLI 值为 0.950,NFI 值为 0.903,均大于 0.9,$AGFI$ 值为 0.907,$PGFI$ 值为 0.634,$RMSEA$ 值为 0.051,均在拟合接受范围内,表明模型拟合度很好。

表 8-11　纺织企业生态创新对纺织企业经济绩效影响的拟合情况($N=225$)

路径	标准化系数	路径系数	S.E.	C.R.	P
经济绩效←产品生态创新	−.273	−.312	.173	−1.798	＋
经济绩效←工艺生态创新	.003	.003	.098	.030	.976
经济绩效←管理生态创新	.823	.753	.169	4.458	***

拟合指数	拟合值	参照标准	拟合指数	拟合值	参照标准	拟合指数	拟合值	参照标准
χ^2	113.097		CFI	.961	≥0.90	GFI	.937	≥0.90
Df	71		TLI	.950	≥0.90	$AGFI$	.907	≥0.80
χ^2/df	1.593	＜5	$RMSEA$	.051	＜0.10	$PGFI$	.634	≥0.50
			NFI	.903	≥0.90	IFI	.961	≥0.90

注:***表示显著性水平 $P<0.001$,**表示显著性水平 $P<0.05$,＋表示显著性水平 $P<0.1$。

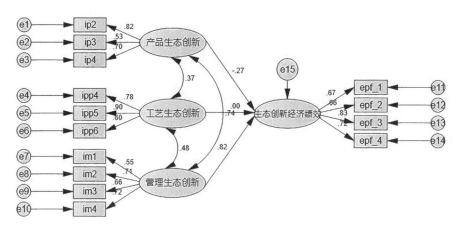

图 8-6 纺织企业生态创新对企业经济绩效影响的关系模型

由表 8-11 与图 8-6 可知,纺织企业生态创新中的管理生态创新对纺织企业经济绩效有显著的正向影响作用,标准化回归系数分别为 0.823($p <$ 0.01),产品生态创新对企业经济绩效的标准化回归系数为-0.273($p <$ 0.1),工艺生态创新对企业经济绩效的路径系数在 P 小于 0.1 的显著性水平下不显著,因此在该层级回归分析中,假设 H6 成立,假设 H4,H5 不成立。在纺织企业生态创新对企业经济绩效的影响中,管理生态创新达到显著水平,产品生态创新对企业经济绩效有负向影响,工艺生态创新未达到显著性水平,部分满足中介效应的第三个条件。

三、中介作用模型

为探究纺织产业环境政策对纺织企业生态创新、企业经济绩效的影响机理,分析纺织企业生态创新在纺织产业环境政策对企业经济绩效影响之间的中介作用,本研究建立完全中介作用模型(M1)与部分中介作用模型(M2),将直接作用模型 M1 与存在中介的模型 M2 中纺织产业环境政策对企业经济绩效的作用模型结果进行比较。

(一)完全中介作用模型

本研究重点考察纺织产业环境政策对纺织企业生态创新与企业经济绩效的影响,初始模型为完全中介作用模型(M1)。对初始理论模型拟合分析结果见表 8-12 与图 8-7。从表 8-12 可见,模型中各项拟合指标值中 χ^2/df 值为 1.687,*CFI* 值为 0.910,*IFI* 值为 0.912,均大于 0.9,*RMSEA* 值为 0.055,小于 0.1,*TLI* 值为 0.896,略低于 0.9,*GFI* 值为 0.869,*NFI* 值为 0.809,略低于标准,以上拟合指标基本在拟合接受范围内,表明模型拟合度较好,初始理论模型通过检验。

命令控制型政策对管理生态创新有显著负向影响作用,标准化回归系数为 $-0.436(p<0.05)$,命令控制型政策对产品生态创新和工艺生态创新的影响作用均不显著,标准化回归系数分别为 $-0.081(p>0.1)$ 和 $-0.177(p>0.1)$;市场型政策对管理生态创新有显著正向影响作用,标准化回归系数为 0.206($p<$ 0.1),市场型政策对产品生态创新与工艺生态创新的影响作用均不显著,标准化回归系数分别为 $0.133(p>0.1)$ 和 $0.023(p>0.1)$;自愿型政策对产品生态创新有显著正向影响作用,标准化回归系数为 $0.741(p<0.001)$,自愿型政策对工艺生态创新有显著正向影响作用,标准化回归系数为 $0.561(p<0.001)$ 自愿型政策对管理生态创新有显著正向影响作用,标准化回归系数为 1.183($p<$ 0.001)。

产品生态创新对企业经济绩效有显著负向影响作用,标准化回归系数为 $-0.204(p<0.1)$,工艺生态创新对企业经济绩效的影响作用不显著,标准化回归系数为 $0.014(p>0.1)$,管理生态创新对企业经济绩效有显著正向影响作用,标准化回归系数为 $0.790(p<0.001)$。

表 8-12　完全中介作用模型(M1)的影响关系及模型拟合指标

路径	标准化系数	路径系数	S.E.	C.R.	P
产品生态创新←命令控制型政策	−.081	.188	−.549	.583	
工艺生态创新←命令控制型政策	−.177	.179	−1.164	.244	
管理生态创新←命令控制型政策	−.436	.221	−2.342	**	
产品生态创新←市场型政策	.133	.168	1.196	.232	
工艺生态创新←市场型政策	.023	.160	.198	.843	
管理生态创新←市场型政策	.206	.173	1.679	+	
产品生态创新←自愿型政策	.741	.205	5.336	***	
工艺生态创新←自愿型政策	.561	.189	4.088	***	

（续表）

路径	标准化系数	路径系数	S.E.	C.R.	P
管理生态创新←自愿型政策	1.183	.281	5.841	***	
经济绩效←产品生态创新	−.204	.096	−1.814	＋	
经济绩效←工艺生态创新	.014	.073	.182	.856	
经济绩效←管理生态创新	.790	.131	5.507	***	

拟合指数	拟合值	参照标准	拟合指数	拟合值	参照标准	拟合指数	拟合值	参照标准
χ^2	401.467		CFI	.910	≥0.90	GFI	.869	≥0.90
Df	238		TLI	.896	≥0.90	AGFI	.835	≥0.80
χ^2/df	1.687	＜5	RMSEA	.055	＜0.10	PGFI	.690	≥0.50
			NFI	.809	≥0.90	IFI	.912	≥0.90

注：***表示显著性水平 $P<0.001$，**表示显著性水平 $P<0.05$，＋表示显著性水平 $P<0.1$。

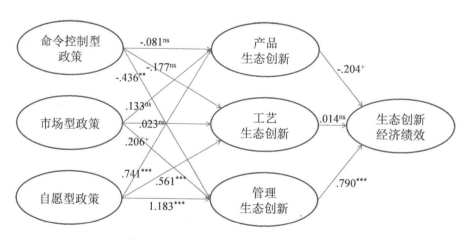

图 8‒7　完全中介作用模型（M1）分析结果

（二）部分中介模型

本研究考虑纺织产业环境政策与企业经济绩效之间的直接和间接作用，建立部分中介模型（M2），对模型拟合分析结果见表 8‒13 与图 8‒8，从表 8‒13 可见，χ^2/df 值为 1.520，CFI 值为 0.934，IFI 值为 0.935，TLI 值为 0.921，均大于 0.9,*RMSEA* 值为 0.048,小于 0.1,*GFI* 值为 0.888,*NFI* 值为 0.831,略低
于标准,以上拟合指标基本在拟合接受范围内,表明模型拟合度较好。

表 8‑13 部分中介模型(M2)的影响关系及模型拟合指标

路径	标准化系数	路径系数	S.E.	C.R.	P
产品生态创新←命令控制型政策	.390	.159	2.991	**	
工艺生态创新←命令控制型政策	.123	.145	.950	.342	
管理生态创新←命令控制型政策	.074	.140	.597	.550	
产品生态创新←市场型政策	−.119	.160	−1.128	.259	
工艺生态创新←市场型政策	−.156	.152	−1.438	.150	
管理生态创新←市场型政策	−.042	.142	−.422	.673	
产品生态创新←自愿型政策	.303	.136	2.804	**	
工艺生态创新←自愿型政策	.332	.128	3.005	**	
管理生态创新←自愿型政策	.706	.144	5.755	***	
经济绩效←产品生态创新	−.212	.129	−1.382	.167	
经济绩效←工艺生态创新	.022	.068	.297	.766	
经济绩效←管理生态创新	.587	.194	2.714	**	
经济绩效←命令控制型政策	−.012	.137	−.087	.931	
经济绩效←市场型政策	−.201	.132	−1.931	**	
经济绩效←自愿型政策	.299	.184	1.709	+	

拟合指数	拟合值	参照标准	拟合指数	拟合值	参照标准	拟合指数	拟合值	参照标准
≥0.90	χ^2	354.100		*CFI*	.934	≥0.90	*GFI*	.888
≥0.80	*Df*	233		*TLI*	.921	≥0.90	*AGFI*	.856
≥0.50	χ^2/df	1.520	<5	*RMSEA*	.048	<0.10	*PGFI*	.690
≥0.90				*NFI*	.831	≥0.90	*IFI*	.935

注:***表示显著性水平 $P<0.001$,**表示显著性水平 $P<0.05$,+表示显著性水平 $P<0.1$。

命令控制型政策对产品生态创新有显著正向影响作用,标准化回归系数为
0.390($p<0.05$),命令控制型政策对工艺生态创新和管理生态创新的影响作用

均不显著,标准化回归系数分别为 0.123(p>0.1)和 0.074(p>0.1);市场型政策对产品生态创新、工艺生态创新和管理生态创新的影响作用均不显著,标准化回归系数分别为 −0.119(p>0.1),−0.156(p>0.1)和 −0.042(p>0.1);自愿型政策对产品生态创新有显著正向影响作用,标准化回归系数为 0.303(p<0.05),自愿型政策对工艺生态创新有显著正向影响作用,标准化回归系数为 0.332(p<0.05),自愿型政策对管理生态创新有显著正向影响作用,标准化回归系数为 0.706(p<0.001)。

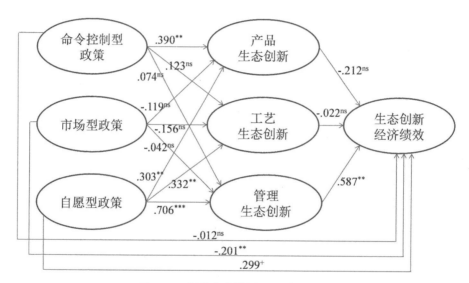

图 8-8　部分中介模型(M2)分析结果

在分析完全中介模型(M1)与部分中介模型(M2)中纺织产业环境政策中的命令控制型政策、市场型政策、自愿型政策与企业经济绩效的直接作用与间接作用后,对两个模型进行对比,分析纺织企业生态创新的中介作用,见表 8-14。

表 8-14　纺织产业环境政策对纺织企业经济绩效的作用模型结果比较

假设回归路径	直接作用模型		间接作用模型	
	标准化路径系数	显著性概率	标准化路径系数	显著性概率
经济绩效←命令控制型政策	−.041	.736	−.012	.931
经济绩效←市场型政策	−.157	.126	−.201	**
经济绩效←自愿型政策	.600	***	.299	+

注:***表示显著性水平 $P<0.001$,**表示显著性水平 $P<0.05$,+表示显著性水平 $P<0.1$。

模型中加入中介变量后,命令控制型政策对企业创新经济绩效的影响系数绝对值降低,显著性概率值变大,自愿型政策对企业创新经济绩效的影响系数绝对值降低,显著性概率值变大,由显著性水平 $p<0.001$ 增加到 $p<0.1$ 的显著性水平,因此纺织企业生态创新在纺织产业环境政策对企业经济绩效的影响中起到了一定的中介作用。

四、修正模型

包含全部路径的全模型(M2)中,部分路径不显著,将这些路径删除后,得到修正模型(M3),对模型拟合分析结果见表 8-15 与图 8-9,从表 8-15 可见,χ^2/df 值为 1.378,CFI 值为 0.950,IFI 值为 0.951,TLI 值为 0.943,均大于 0.9,$RMSEA$ 值为 0.041,小于 0.1,GFI 值为 0.895,几乎达到参照标准 0.9,NFI 值为 0.843,略低于标准,以上拟合指标基本在拟合接受范围内,表明模型拟合度较好。

表 8-15　修正模型(M3)的影响关系及模型拟合指标

路径	标准化系数	路径系数	S.E.	C.R.	P
产品生态创新←命令控制型政策	.289	.114	3.153	**	
产品生态创新←自愿型政策	.323	.128	3.199	***	
工艺生态创新←自愿型政策	.321	.098	3.764	***	
管理生态创新←自愿型政策	.697	.116	7.413	***	

（续表）

路径	标准化系数	路径系数	S.E.	C.R.	P
经济绩效←市场型政策	−.224	.101	−2.766	**	
经济绩效←自愿型政策	.388	.133	3.047	**	
经济绩效←管理生态创新	.337	.098	2.895	**	

拟合指数	拟合值	参照标准	拟合指数	拟合值	参照标准	拟合指数	拟合值	参照标准
χ^2	329.391		CFI	.950	≥0.90	GFI	.895	≥0.90
Df	239		TLI	.943	≥0.90	AGFI	.868	≥0.80
χ^2/df	1.378	<5	RMSEA	.041	<0.10	PGFI	.713	≥0.50
			NFI	.843	≥0.90	IFI	.951	≥0.90

注:***表示显著性水平 $P<0.001$,**表示显著性水平 $P<0.05$。

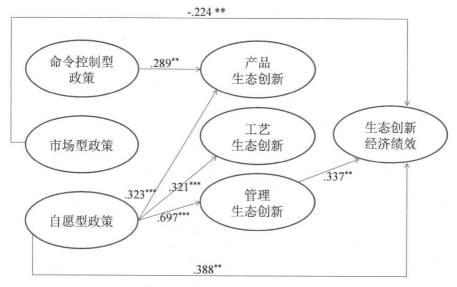

图 8-9　修正模型(M3)分析结果

由图 8-9 可见,命令控制型政策对产品生态创新有显著正向影响作用,标准化回归系数为 0.289($p<0.05$),自愿型政策对产品生态创新有显著正向影响

作用,标准化回归系数为 0.323($p<0.001$),自愿型政策对工艺生态创新有显著正向影响作用,标准化回归系数为 0.321($p<0.001$),自愿型政策对管理生态创新有显著正向影响作用,标准化回归系数为 0.697($p<0.001$)。纺织企业管理生态创新对经济绩效有显著正向影响作用,标准化回归系数为 0.337($p<0.05$)。自愿型政策对纺织企业经济绩效有显著正向影响作用,标准化回归系数为 0.388($p<0.05$)。命令控制型政策对工艺生态创新和管理生态创新的影响作用均不显著,市场型政策对经济绩效有显著负向影响作用,标准化回归系数为 -0.224($p<0.05$)。

对初始理论模型(M1)、全模型(M2)与修正模型(M3)分别进行整体适配度检验与参数估计后,将三个理论模型检验结果汇总,比较各模型的拟合指标值,见表 8‑16。由表中指标值可见,完全中介作用模型的各项指标均低于部分中介作用模型与修正模型,修正模型的整体拟合度在三者中较好,本研究选择修正模型(M3)作为分析依据。

表 8‑16　模型 M1,M2,M3 检验结果比较

拟合指标	χ^2/df	GFI	NFI	IFI	CFI	RMSEA
完全中介作用模型(M1)	1.687	.869	.809	.912	.910	.055
部分中介作用模型(M2)	1.520	.888	.831	.935	.934	.048
修正模型(M3)	1.378	.895	.843	.951	.950	.041

五、结构方程模型分析小结

最佳拟合模型(M3)中,自变量与中介变量、中介变量与因变量、自变量与因变量之间存在七条显著路径,为了进一步说明模型中路径的全部直接与间接影响作用,运用 AMOS 软件进行效应分解,计算最佳拟合模型中的直接影响、间接影响与总体影响(见表 8‑17 与表 8‑18),分析影响效果。

纺织产业环境政策中的自愿型政策对产品生态创新、工艺生态创新与管理生态创新都有明显促进作用,命令控制型政策正向影响产品生态创新,命令控制型政策对工艺生态创新与管理生态创新的影响作用不显著,市场型政策对产品、工艺与管理生态创新的影响作用都不显著。市场型政策对企业经济绩效有

负向影响作用,主要通过直接效应发生作用。自愿型政策主要通过企业生态创新的中介作用,间接影响企业经济绩效,管理生态创新对企业经济绩效有积极促进作用。通过效应分解,进一步探究纺织产业环境政策对企业生态创新与经济绩效的影响机理,打开"纺织产业环境政策——纺织企业生态创新——纺织企业经济绩效"的"黑箱",分析纺织产业不同环境政策类型对纺织企业不同类型的生态创新,以及纺织企业生态创新经济绩效的关联性,阐释其影响机理。

表8-17 自变量对中介变量的影响效果

变量		产品生态创新	工艺生态创新	管理生态创新
命令控制型政策	直接影响	.289	.000	.000
	间接影响	.000	.000	.000
	总体影响	.289	.000	.000
市场型政策	直接影响	.000	.000	.000
	间接影响	.000	.000	.000
	总体影响	.000	.000	.000
自愿型政策	直接影响	.323	.321	.697
	间接影响	.000	.000	.000
	总体影响	.323	.321	.697

表8-18 自变量、中介变量对因变量的影响效果

变量	企业经济绩效		
	直接影响	间接影响	总体影响
命令控制型政策	.000	.000	.000
市场型政策	−.224	.000	−.224
自愿型政策	.388	.235	.624
产品生态创新	.000	.000	.000
工艺生态创新	.000	.000	.000
管理生态创新	.337	.000	.337

第四节　假设检验结果分析

一、假设检验结果汇总

通过对大样本正式调研的 225 份有效问卷进行分析,探究纺织产业环境政策中的命令控制型政策、市场型政策与自愿型政策对企业生态创新以及企业生态创新经济绩效之间的作用机理。根据假设检验结果,对已证实与未证实的假设进行汇总,见表 8 - 19。

表 8 - 19　假设检验结果汇总

研究假设	检验结果
H1a:命令控制型政策对纺织企业产品生态创新有正向作用	支持
H1b:命令控制型政策对纺织企业工艺生态创新有正向作用	不支持
H1c:命令控制型政策对纺织企业管理生态创新有正向作用	不支持
H2a:市场型政策对纺织企业产品生态创新有正向作用	不支持
H2b:市场型政策对纺织企业工艺生态创新有正向作用	不支持
H2c:市场型政策对纺织企业管理生态创新有正向作用	不支持
H3a:自愿型政策对纺织企业产品生态创新有正向作用	支持
H3b:自愿型政策对纺织企业工艺生态创新有正向作用	支持
H3c:自愿型政策对纺织企业管理生态创新有正向作用	支持
H4：纺织企业产品生态创新对纺织企业经济绩效有正向作用	不支持
H5：纺织企业工艺生态创新对纺织企业经济绩效有正向作用	不支持
H6：纺织企业管理生态创新对纺织企业经济绩效有正向作用	支持
H7a:命令控制型政策对纺织企业经济绩效有正向作用	不支持
H7b:市场型政策对纺织企业经济绩效有正向作用	不支持
H7c:自愿型政策对纺织企业经济绩效有正向作用	支持

注:假设 H3a,H3b,H3c,H6,H7c 在层级回归分析和结构方程分析中均得到支持。

二、进一步分析与探讨

(一)纺织产业环境政策对纺织企业生态创新的作用机理分析

纺织产业环境政策中的命令控制型政策对纺织企业产品生态创新有正向影响,但对工艺与管理生态创新都没有显著影响作用,该结论与 Kammerer (2009)对命令控制型环境政策工具强度对企业生态创新的影响研究结果相似,结果表明该类政策对产品生态创新的实施以及产品延伸产生了重要影响。本研究结论显示命令控制型政策对纺织企业的工艺生态创新与管理生态创新没有显著作用,与 Frondel et al.(2008)的研究结论相似,强制型监管压力对企业的生态行为没有显著的直接影响。命令控制型政策推动纺织企业生态创新的作用还比较有限。

市场型政策对纺织企业的三类生态创新都没有显著作用。基于第三章对我国中央政府层面的纺织产业环境政策内容分析的结论分析,我国中央政府层面对纺织产业颁布的市场型政策种类与数量仍比较有限。该结论与 Demirel & Kesidou(2011)的研究结论相似,环境税对生态创新的三种类型都没有显著影响,他们认为主要原因是环境税这一政策工具使用非常少,并且其政策强度不高。在较低的环境税情景下,可能出现企业花钱买污染的状况,反而不利于减排和经济发展。此外可能的原因包括我国纺织企业对市场型政策认知程度还比较低,在一定程度限制了市场型政策发挥作用。

自愿型政策对纺织企业的产品、工艺与管理生态创新都有显著正向影响作用。在我国纺织产业环境治理中,相比于命令控制型政策与市场型政策,自愿型政策对促进纺织企业生态创新发挥着重要作用。

(二)纺织产业环境政策对纺织企业经济绩效的作用机理分析

纺织产业环境政策对纺织企业经济绩效的直接影响还比较有限,自愿型政策对企业经济绩效有正向影响,市场型政策对纺织企业经济绩效有显著的负向影响,命令控制型政策对企业经济绩效没有直接显著影响。自愿型政策激励纺织企业实施生态管理,减少环境污染的治理成本,高效利用能源资源,可以提高企业的经济绩效。而市场型政策中使用较多的是两类政策工具——补贴与罚款,从补贴相关的具体政策内容来看,现有政策中的补贴措施主要针对新技术、清洁生产示范项目与饮用水源地污染治理项目,大多数纺织企业还未达到这些较高的门槛,很难在更大范围鼓励纺织企业;同样实施比重较大的罚款,针对的纺织企业范围更大,会对其经济绩效普遍产生较大负面影响。

(三)纺织企业生态创新对纺织企业经济绩效的作用机理分析

纺织企业生态创新对纺织企业经济绩效的影响方面,产品生态创新与工艺生态创新对企业经济绩效都没有显著影响,纺织企业管理生态创新对企业经济绩效有正向影响作用。在"纺织企业生态创新——企业经济绩效"的层次回归分析中,纺织企业生态创新中的管理生态创新对纺织企业经济绩效有显著的正向影响作用,产品生态创新对企业经济绩效有反向影响作用,工艺生态创新对企业经济绩效没有显著作用。在初始模型(M1)的路径分析中同样得到,产品生态创新对企业经济绩效有负向影响作用,管理生态创新对企业经济绩效有显著正向影响。本研究对纺织企业深度访谈的情况来看,大部分纺织企业在环境政策管控下在一定程度上进行了产品生态创新与工艺生态创新,但管理生态创新仅在规模较大、资金与技术实力雄厚的纺织企业中实施较多。如果没有系统综合实施的生态创新,单独实施某类生态创新所能发挥的经济绩效只能是微乎其微。产品生态创新最佳拟合模型(M3)中(图 8 - 9)可见,自愿型政策通过管理生态创新的间接作用促进企业经济绩效,也直接提高企业经济绩效。自愿型政策建立在企业自愿参与实施的基础上,可见当企业在环境治理过程中起到更大主导作用时,有更强的意愿进行生态创新,同时更有利于促进其经济绩效。

本章小结

在本书第六章假设提出与理论模型构建,以及第七章问卷设计与小样本前测的基础上,对大样本进行正式调研,对回收的 225 份有效调查问卷进行分析,实证检验了第七章提出的纺织产业环境政策对纺织企业生态创新影响的理论模型,采用结构方程模型,检验"纺织产业环境政策——纺织企业生态创新——企业经济绩效"之间的作用模型,并对模型进行修正与评估。深入探讨验证了纺织产业环境政策,纺织企业生态创新与企业生态创新绩效之间的作用机理。进行研究假设汇总后,进一步对影响机理进行阐述。

第九章
研究结论与展望

第一节　研究结论

本书从纺织产业绿色发展的背景出发,围绕"环境政策——纺织企业生态创新行为——企业绩效"研究思路,基于内容分析方法深入剖析 118 条纺织产业环境政策,通过扎根理论方法系统分析 12 家纺织企业的深度访谈数据,在完成小样本前测并有针对性地将问卷修正的基础上,进行了大样本数据收集与实证分析,回答了本书提出的以下四个研究问题:第一,系统地探索和评估我国纺织产业环境政策体系。第二,探究纺织企业生态创新行为的构成与作用效果,对我国纺织企业生态创新的维度进行划分。第三,基于企业感知,分析纺织产业环境政策对纺织企业不同生态创新行为的影响,以及纺织企业生态创新对企业绩效的影响作用。第四,揭示纺织产业环境政策对纺织企业生态创新与企业绩效的影响机理。

根据政策内容分析,我国中央层面主要实施三类纺织产业环境政策工具,包括命令控制型政策工具、市场型政策工具与自愿性政策工具,选取各类政策工具中占比最高的政策工具,形成纺织企业对纺织产业环境政策感知的测量量表。基于扎根理论,通过深度访谈收集企业生态创新维度与作用结果的相关数据,对访谈文本内容进行范畴挖掘与提炼,纺织企业生态创新实践包括产品生态创新、工艺生态创新与管理生态创新,构建纺织企业生态创新维度与作用效果模型。在此基础上,本书提出纺织产业环境政策对企业生态创新与经济绩效影响的概念模型,开展问卷调查并获取了 225 家纺织企业的有效问卷,通过统

计分析与结构方程建模对所提假设及模型进行了验证,主要研究结论如下:

一、纺织产业环境政策的政策工具构成与测量

在环境政策相关文献研究的基础上,本书收集并深入分析我国中央政府层面从 1989 年至 2016 年这 28 年中颁布的 118 条纺织产业相关的环境政策,运用内容分析方法对政策文本进行深度剖析,政府在对纺织产业环境监管中的政策注意力,分析纺织产业从研发到消费中各阶段的政策实施情况,分析政策实施类型,研究纺织产业环境政策的变迁规律与政策工具构成特征,并开发纺织企业对纺织产业环境政策感知的测量量表。

(一)纺织产业环境政策的变迁规律与政策目标

政策演进过程表明政策数量在波动中趋于稳步增长;对政策颁布主体进行的社会网络分析显示环境政策主体间协同度较高;环境政策目标分析显示政府重点关注纺织产业的技术改进与控制污染排放,水污染仍是现阶段的核心治理目标,而对大气污染的管控进程比较缓慢,对固体废旧纺织品治理的关注更少。

(二)纺织产业环境政策的政策工具构成

环境政策工具分析结论表明,环境政策工具方面,我国中央层面主要实施三类政策工具,包括命令控制型、市场型与自愿型政策工具,其中命令控制型工具与自愿型工具使用较频繁,分别占总数的 48.71％与 41.65％,市场型工具使用最少,仅占 9.75％。颁布实施的具体政策工具情况如下:在命令控制型政策中,占比最大的是污染治理检查,其次是许可与审批、标准与禁令,此外还有较少使用的使用限制与区域限制。市场型政策中,比重最大的政策工具是补贴与罚款,环境相关税收仅次于这两类政策工具,三类政策共占市场型政策的 97.05％,此外还包括出口环境退税。自愿型政策工具中,技术创新、环境监测与评价、信息公布与公众参与这四类政策工具比重较大,共占自愿型政策的 90.35％,此外还有示范区与示范项目。在纺织产业价值链方面,大部分政策聚焦制造阶段,而仅有少量政策对纺织品消费阶段进行监管。政策工具的选择与实施反映出政府对纺织产业生态治理的关注情况。从政策内容分析可见,目前纺织产业管理模式主要是"规制—检查—处理",较之于污染治理检查,污染预防的实施频率要低很多。政府仍然是纺织产业生态发展中的最主要推动者。

（三）纺织企业对纺织产业环境政策感知的测量量表

在小样本前测中对纺织产业环境政策进行信度检验后,明确纺织企业对纺织产业环境政策感知的测量量表,该量表由三类政策工具,即命令控制型政策、市场型政策与自愿型政策构成,命令控制型政策包括污染治理检查、许可与审批、标准与禁令四个测量条款;市场型政策通过补贴、罚款与环保税进行测量;自愿型政策通过技术创新、信息公布与公众参与进行测量。随后的探索性因子分析表明,包含10个测量条款的三类纺织产业环境政策具有一定的区分效度,三个维度的因子载荷值也符合研究要求。验证性因子分析结果表明,纺织产业环境政策的测量量表具有较好的信度与效度。该测量量表的开发基于对我国中央政府层面颁布的纺织产业环境政策的内容分析,在当前纺织产业绿色升级背景下,对加深纺织产业环境政策理解有较强的理论意义与实践意义。

二、纺织企业生态创新的维度划分

扎根理论视域下分析纺织企业深度访谈数据,建构纺织企业生态创新的维度,并开发测量量表,经过探索性因子分析与验证性因子分析,确定纺织企业生态创新测量量表具备较好的信度和效度。

(1)产品生态创新由再生材料作为原材料、产品易于再回收再利用和减少产品能源消耗量三个维度共同构成。探索性因子分析与验证性因子分析表明,产品生态创新包括再生材料作为原材料、产品易于再回收再利用和减少产品能源消耗量之间具有一定的区分效度,三个维度的因子载荷值也满足研究要求,建构信度良好。产品生态创新的测量量表具有较好的信度和效度。纺织企业在进行产品生态创新时,重点考虑的层面涵盖原材料选择、产品能耗以及产品购后的再回收利用,贯穿产业链的不同阶段。企业生态创新强调选择再生材料作为原材料,注重减少产品能源消耗量,节能减排,并着重考虑售出的产品是否易于再回收利用。

(2)工艺生态创新由清洁技术、使用新能源、回收利用废水废气三个维度共同构成。工艺生态创新包括清洁技术、使用新能源、回收利用废水废气这三个维度,分析结果中的各项指标显示良好的信度和效度。纺织企业进行工艺生态创新时,注重使用新能源,将传统的污染较大的能源逐渐淘汰,采用清洁技术,而且加强排污设施与净化设备升级,对废水废气加强回收利用,大多数纺织企业越来越重视清洁生产,推动产业转型升级。

(3)管理生态创新由积极参与生态创新活动、员工生态培训、推行可持续文化与为生态创新投入高比例资金四个维度共同构成。基于扎根理论建构的纺织企业管理生态创新维度包括积极参与生态创新活动、开展员工生态培训、推行企业可持续文化以及为生态创新投入高比例资金,分析结果显示良好的信度和效度。部分纺织企业管理者意识到推行可持续文化的重要性,注重加强各个部门的员工生态培训,建立绿色厂房与园区,并投入大量资金对员工开展生态相关培训,为生态创新投入高比例资金,促进企业管理生态创新的发展,形成绿色生态发展的良性循环。

三、纺织产业环境政策对纺织企业生态创新的影响

本书在构建纺织产业环境政策感知测量量表与纺织企业生态创新维度的测量量表的基础上,分析纺织产业环境政策对纺织企业生态创新的影响,具体包括纺织产业命令控制型政策、市场型政策与自愿型政策对纺织企业产品生态创新、工艺生态创新与管理生态创新的影响。研究结果表明,第一,命令控制型政策对产品生态创新有正向影响作用,对工艺与管理生态创新的影响作用都不显著;第二,市场型政策对企业三类生态创新的影响作用都不显著;第三,自愿型政策对纺织企业产品生态创新、工艺生态创新与管理生态创新都具有显著的正向影响作用。

现有针对纺织产业的命令控制型政策能促进纺织企业进行产品生态创新,但命令控制型政策对工艺与管理生态创新的影响作用还没有得到充分发挥。中央政府在命令控制型政策中较多使用的是污染治理检查、许可与审批、标准与禁令,在推进纺织企业改进生产过程、促进企业内部生态创新活动方面还没有发挥主要作用。本研究建议中央政府层面应该适当减少命令控制型政策工具比重,增加更能激发企业与个人积极性的政策工具比重。自愿型政策的主要优点是,公司自身有兴趣并致力于实施环保措施,自愿型政策激发企业兴趣,激励企业自发的环保行为。对部分高度重视环保的纺织企业来说,进行生态创新实践不仅是遵守政府强制型的规制,更是对自身的要求,超越行业内其他优秀

的企业,成为生态创新方面的先锋,从而享受生态创新带给企业的先发优势。我国中央政府层面针对纺织产业颁布的市场型政策种类较少,政策比重较小,涉及的纺织企业范围还比较有限,纺织企业对该类政策认知程度较低,市场型政策的作用还未得到充分发挥。建立有效的监督与评估策略,能够对纺织企业绿色转型中的状况进行实时跟进并及时做出调整,使其朝着预期目标改进。为确保能源效率技术与服务的传播,政策目标群体需要了解并执行政策工具组合。因此政府要加强纺织企业间的沟通网络,并优化产业生态管理体系,以提高纺织企业对环境政策的认知程度,并综合考虑生态创新技术成熟度,避免盲目进行技术转换,降低企业生态创新的积极性。同时需要继续发挥自愿型政策对纺织企业生态的积极促进作用,联合各界力量推进纺织产业技术创新、加强信息公布,并继续全方面鼓励公众参与纺织产业绿色升级,进一步带动纺织企业绿色升级。

四、纺织产业环境政策、纺织企业生态创新对企业经济绩效的影响

研究结果表明,纺织企业管理生态创新对企业经济绩效有显著正向影响作用,纺织企业产品与工艺生态创新对企业经济绩效的影响作用都不显著。自愿型政策对纺织企业经济绩效有显著正向影响作用,命令控制型政策对工艺生态创新和管理生态创新的影响作用均不显著,市场型政策对纺织企业经济绩效有显著负向影响作用。

自愿型政策建立在企业自愿参与实施的基础上,可见当企业在环境治理过程中起到更强的主导作用时,会有更强的意愿进行生态创新,更有利于促进其经济绩效。纺织产业环境政策对纺织企业经济绩效的直接影响还比较有限,自愿型政策能提高企业经济绩效,市场型政策对纺织企业经济绩效有显著的负向影响,命令控制型政策对企业经济绩效没有直接显著影响。前文政策工具分析与政策目标分析都体现出目前纺织产业政策结构主要强调末端治理而非预防,很难帮助企业在减少环境负外部性的同时兼顾企业经济绩效。而环境政策对纺织企业经济绩效发挥促进作用,需要纺织企业在环境政策激励下触发创新,从而降低产品的总成本或提高其价值,进而提高企业经济绩效。相较于命令控制型政策,自愿型政策这种政策方式是发挥自下而上的作用,通过技术创新、信

息公布与公众参与激励纺织企业进行生态创新。市场型政策中使用较多的是两类政策工具,补贴与罚款。从补贴相关的具体政策内容来看,现有政策中的补贴措施主要针对新技术、清洁生产示范项目与饮用水源地污染治理项目,而大多数纺织企业无法获得这些补贴,因此对企业经济绩效影响有限。同类政策工具中相同实施比例的罚款,针对的纺织企业范围更广,会对其经济绩效普遍产生较大的负面影响。

五、纺织产业环境政策对纺织企业生态创新的作用路径

纺织产业环境政策对纺织企业生态创新与企业经济绩效的作用路径有七条、市场型政策直接影响企业经济绩效,命令控制型政策影响企业产品生态创新,自愿型政策影响企业产品生态创新,自愿型政策影响企业工艺生态创新,自愿型政策通过企业管理生态创新影响企业经济绩效等。这些路径共同构成了企业生态创新的作用机制。

我国现阶段的纺织产业环境政策工具实施比例相差较大,以命令控制型环境政策工具为主,政策工具类型还比较有限,造成政府部门较大的监管成本,而且对纺织企业生态创新的促进作用还比较有限,并可能不利于纺织企业经济绩效的提升。环境政策对企业经济绩效发挥作用的前提是需要刺激企业触发创新,增加研发投入,提高技术创新,在这种情况下,能够降低成本或提高价值。如果环境政策未能积极推进纺织企业生态创新,则很难帮助企业最终提高经济绩效。自愿型政策通过管理生态创新间接促进企业经济绩效,也直接提高企业经济绩效。自愿型政策建立在企业自愿参与实施的基础上,可见当企业在环境治理过程中起到更大主导作用时,有更强的意愿进行生态创新,同时更有利于促进其经济绩效。要实现纺织产业环境政策对纺织企业生态创新及其绩效的促进效果,需要改进环境政策工具组合,推进政策工具共同发挥作用,从而为纺织企业创造更有效率的环境激励。

第二节　研究建议

本书对我国纺织产业环境政策、纺织企业生态创新与企业经济绩效的关系

展开研究。在理论方面,丰富了纺织产业环境政策与纺织企业生态创新的相关理论,在实践方面,为企业采纳生态创新实践行为,理解纺织产业环境政策,以及政府制定相关政策提供了一定参考依据。

第一,纺织企业应该重视管理生态创新,才能在国家加强环境监管的背景下,提高企业经济绩效。本研究发现,纺织企业管理生态创新行为对其经济绩效有积极推进作用,在相关环境政策监管下,企业积极参与生态创新活动,可以进行员工生态培训、推行可持续文化,或者为生态创新投入一定资金,需要企业管理层重视并积极推进生态创新,而非单纯为了完成政府下达的生态指标。加强企业内部生态创新活动,积极面对愈加严格的环境政策,将生态创新内化为企业自身长期发展形成竞争优势的内在需求,通过绿色产品打开新的蓝海市场,才能解决环境负外部性与企业自身利润最大化的矛盾,实现可持续绿色发展,从而推进整个纺织产业绿色转型。

第二,作为全球最大的纺织产品出口国,中国纺织产业绿色转型对全球具有重要意义。选取、采纳并实施改进或优化的政策工具组合来应对具体条件的变化,这对建立合理有效的政策体系起着关键作用。自愿型政策对纺织企业的产品、工艺、管理生态创新都有促进作用。多数企业较多关注政府颁布的硬性政策,如命令控制型政策中的标准与禁令,倾向于被动地进行生态创新相关活动,而政府实施的软性政策在促进纺织企业生态创新方面发挥着重要推动作用,包括政府鼓励企业进行技术创新,企业进行生态相关的信息公布有利于企业接受大众监督。通过形成软性压力,激发企业维护自身声誉与品牌信誉,进而通常会自发地进行生态创新。理解政府不同类型政策工具的含义,有利于企业发挥自身主动性,有针对性地逐步采纳适合企业情况的生态创新活动。制定环境政策应充分考虑产业特征和企业特点,从促进生态创新技术引进和提高研发力度入手,积极扶持生态创新企业,使生态创新技术尽快成熟。

第三,政府在颁布环境政策时,需要结合纺织产业特点与发展趋势及时调整政策工具,在政策目标方面,水污染是纺织产业的一大问题,但是随着生活水平迅速提高,大量废旧纺织品带来的环境问题也不容小觑,需要对纺织产业整个价值链进行全面监管,包括消费前的投资、研发与制造,也包括消费后废旧纺织品的管理,这样才能促进产业循环发展。在政策工具方面,自愿型政策能促进企业经济绩效,而从目前的分析结果来看,市场型政策对企业经济绩效有负向影响,主要是由于围绕纺织产业实施的市场型政策种类与数量都有限。政府结合纺织企业生态创新特点调整政策内容,如扩大补贴针对的企业范围,通过经济激励,推动更多纺织企业进行生态创新。

第三节　研究局限与展望

尽管在研究过程中力求遵循科学的逻辑,结合实际考察并收集相关文本与数据,但是仍受到一些主观与客观因素的限制。由于所研究问题的复杂性与作者个人能力所限,本研究主要存在以下几方面不足:

(1)样本的收集方面。在大样本正式调研中,本研究通过各方渠道资源发放问卷,走访企业与相关联系人,尽管有效样本能满足数据分析的要求,但样本量相对偏少,样本发放地区也有局限性。样本数据来源不够分散,不同区域企业有不同的特征。在行业方面,由于资源与时间有限,纺织产业覆盖的行业种类多,样本中纺织企业与服装企业较多,而化纤、印染企业相对较少,可能对研究结论的普适性造成一定程度的影响。因此,本研究得出的结论需要通过对更大样本量的企业进行调查,进一步分析与检验。

(2)本研究在纺织产业环境政策与纺织企业生态创新的量表开发中采用内容分析方法,以及基于深度访谈的扎根理论方法,并结合文献对比分析,形成测量量表,邀请专家小组进行修正,测量量表经过小样本调试研前测进行修正,随后进行大样本正式调研后,通过内部一致性检验、CITC 值、探索性因子分析与验证性因子分析检验量表的信度与效度,尽可能保证量表的科学性。采用李克特五点量表主观测量法,主观评价方法难免存在偏差。在后续研究中,希望在问卷中增加更多客观题项,使研究结论更具有可重复性。

(3)纺织产业环境政策与企业生态创新都是动态演化的过程,如果能够在纵向时间变化上进行研究,更能够反映在动态过程中纺织产业环境政策对纺织企业生态创新的影响作用,如果结合时间序列回归法,进一步深入分析研究,则能使研究内容更有说服力。

参考文献

[1] Andersen, M. M. Eco-innovation: towards a taxonomy and a theory [R]. Copenhagen: Annals of the 25th DRUID Conference: Entrepreneurship and Innovation-Organizations, Institutions, Systems and Regions, CBS, 2008.

[2] Aragón-Correa, J. A. Research notes: Strategic proactivity and firm approach to the natural environment [J]. Academy of Management Journal, 1998, 41(5): 556-567.

[3] Bagozzi, R. P., Phillips, L. W. Representing and testing organizational theories: a holistic construal [J]. Administrative Science Quarterly, 1982, 27(3): 459-489.

[4] Baron, R. M., Kenny, D. A. The moderator-mediator variable distinction in social psychological research: conceptual, strategic, and statistical considerations [J]. Journal of Personality and Social Psychology, 1986, 51(6): 1173-1182.

[5] Bemelmans-Videc, M.-L., Rist, R. C., Vedung, E. Carrots, sticks & sermons: policy instruments and their evaluation [M]. London: New Brunswick, N.J., 2003.

[6] Bernstein, J. D. Alternative approaches to pollution control and waste management: regulatory and economic instruments [R]. Washington D. C.: World Bank, 1993.

[7] Bogoeva-Gaceva, G., Avella, M., Malinconico, M., Buzarovska, A.,

Grozdanov, A., Gentile, G., Errico, M. E. Natural fiber eco composites [J]. Polymercomposites, 2007, 28(1): 98-107.

[8] Bos-Brouwers, H. E. J. Corporate sustainability and innovation in SMEs: evidence of themes and activities in practice [J]. Business Strategy and the Environment, 2010 (19): 417-435.

[9] Bowen, G. Document analysis as a qualitative research method [J]. Qualitative Research Journal, 2009, 9(2): 27-40.

[10] Brockman, B. K., Jones, M. A., Becherer, R.C.Customer orientation and performance in small firms: examining the moderating influence of risk-taking,innovativeness,and opportunity focus [J]. Journal of Small Business Management,2012,50(3): 429-446.

[11] Bukhari, M. A., Carrasco-Gallego, R., Ponce-Cueto, E,. Developing a national programme for textiles and clothing recovery [J]. Waste Management & Research, 2018, 36(4): 321-331.

[12] Butnariu, A., Avasilcai, S. Initiatives of textile industry organizations towards environmental issues [J]. Advanced Materials Research, 2014, 837(1): 612-617.

[13] Carrillo-Hermosilla, J., González, P. R., Könnölä, T., Pablo, R. G. Eco-innovation: when sustainability and competitiveness shake hands [M]. New York: Palgrave Macmillan, 2009.

[14] Carrillo-Hermosilla, J., Könnölä, T. Towards a sustainable development through eco-innovation. Progress in sustainable development research [R]. New York: Nova Science Publishers, 2008.

[15] Chang, C-H. The influence of corporate environmental ethics on competitive advantage: The mediation role of green innovation [J]. Journal of Business Ethics, Journal of Business Ethics, 2011, 104 (3): 361-370.

[16] Charmaz, K. Constructing grounded theory: A practical guide through qualitative analysis [M]. London: Sage, 2008.

[17] Chen, Y. S., Chang, C. H., Wu, F. S. Origins of green innovations: the differences between proactive and reactive green innovations [J]. Management Decision, 2012, 50(3): 368-398.

[18] Chen, Y. S., Lai, S. B., Wen, C. T. The influence of green innnovation performance on corporate advantage in Taiwan [J]. Journal of Business Ethics, 2006, 67(4): 331-339.

[19] Cheng, C. C., Shiu, E. C. Validation of a proposed instrument for measuring eco-innovation: an implementation perspective [J]. Technovation, 2012, 32(6):329-344.

[20] Chiou, T.-Y., Chan, H. K., Lettice, F., Chung, S. H. The influence of greening the suppliers and green innovation on environmental performance and competitive advantage in Taiwan [J]. Transportation Tesearch: Part E, 2011, 47(6): 822-836.

[21] Christmann, P. Effects of "Best Practices" of environmental management on cost advantage: the role of complementary assets [J]. Academy of Management Journal, 2000, 43(4): 663-680.

[22] Cleff, T., Rennings, K. Determinants of environmental product and process innovation [J]. European Environment, 1999, 9(5):191-201.

[23] Dahlbo, H., Aalto, K., Eskelinen, H., Salmenperä, H. Increasing textile circulation-Consequences and requirements [J]. Sustainable Production and Consumption, 2017, 9: 44-57.

[24] Damanpour, F., Walker, R., Avellaneda, C. Combinative effects of innovation types and organizational performance: a longitudinal study of service organizations [J]. Journal of Management Studies, 2009, 46(4): 650-675.

[25] Demirel, P., Kesidou, E. Stimulating different types of eco-innovation in the UK: Government policies and firm motivations [J]. Ecological Economics, 2011, 70(8): 1546-1557.

[26] Dibrell, C., Craig, J., Hansen, E. Natural environment, market

orientation, and firm innovativeness: An organizational life cycle perspective [J]. Journal of Small Business Management, 2011, 49(3): 467-489.

[27] Ekvall, T., Finnveden, G. Allocation in ISO 14041 e a critical review [J]. Journal of Cleaner Production, 2001, 9(3): 197-208.

[28] European Union, 2008. Directive 2008/98/EC of the European Parliament and of the Council of 19 November 2008 on Waste and Repealing Certain Directives [EB/OL]. (2018-07-05) [2021-6-23] http://extwprlegs1.fao.org/docs/pdf/e

[29] Ewijk, S. V., Stegemann, J. A. Limitations of the waste hierarchy for achieving absolute reductions in material throughput [J]. Journal of Cleaner Production, 2016, 132(9): 122-128.

[30] Fani, V., Bandinelli, R., Rinaldi, R., Resta, B., Dotti, S., Practices for environmental sustainability of Italian fashion clothing and leather sectors: Preliminary results of empirical research [J]. Advanced Manufacturing and Automation, 2016 (113): 364-371.

[31] Farh, J. L., Earley, P. C., Lin, S. C. Impetus for action: A cultural analysis of justice and organizational citizenship behavior in Chinese society [J]. Administrative Science Quarterly, 1997, 42 (3): 421 – 444.

[32] Farrer, J., Finn, A. L. The power of a single prototype: sustainable fashion textile design and the prevention of carcinogenic melanoma [R]. Brighton: Advanced Research in Virtual and Rapid Prototyping, 2010.

[33] Fernando, Y., Wah, W. X. The impact of eco-innovation drivers on environmental performance: Empirical results from the green technology sector in Malaysia [J]. Sustainable Production and Consumption, 2017, 12(10): 27-43.

[34] Finnveden, G., Bisaillon, M., Noring, M., Stenmarck, Å., Sundberg, J., Sundqvist, J.-O., Tyskeng, S. Developing and evaluating new policy

instruments for sustainable waste management ［J］. Journal of Environment and Sustainable Development，2012，11(1)：19-31.

［35］ Finnveden, G., Ekvall, T., Arushanyan, Y., Bisaillon, M., Henriksson, G., Gunnarsson Östling, U., Guath, M. Policy Instruments towards a Sustainable Waste Management ［J］. Sustainability，2013，5(3)：841-881.

［36］ Fischer, C., Newell, R. G. Environmental and technology policies for climate mitigation ［J］. Journal of Environmental Economics and Management，2008，55(2)：142-162.

［37］ Fowler, S. J., Hope, C. Incorporating sustainable business practices into company strategy ［J］. Business Strategy and the Environment，2007，16(1)：26-38.

［38］ Foxon, T., Andersen, M. M. The greening of innovation systems for eco-innovation-Towards an evolutionary climate mitigation policy ［R］. Proceedings of the DRUID Summer Conference 2009 on 'Innovation, Strategy and Knowledge'. Denmark：Copenhagen Business School, 2009.

［39］ Freeman, R. E. Strategic management：A stakeholder approach, in Pitman Series in Business and Public Policy ［M］. NewYork：Harpercollins College Div, 1984.

［40］ Frondel, M., Horbach, J. Rennings, K. Analysis：what triggers environmental management and innovation? Empirical evidence for Germany ［J］. Ecological Economics，2008，66(1)：153-160.

［41］ Fussler, D., James, P. Driving Eco-innovation：a break-through Discipline for Innovation and Sustainability ［M］. London：Pitman Pub, 1996.

［42］ Gam, H. J., Cao, H., Farr, C., Heine, L. C2CAD：a sustainable apparel design and production model ［J］. International Journal of Clothing Science and Technology，2009，21(4)：166-179.

[43] Ghisetti, C., Rennings, K. Environmental innovations and profitability: How does it pay to be green? An empirical analysis on the German innovation survey [J]. Journal of Cleaner Production, 2014, 75(7): 106-117.

[44] Glaser, B., Strauss, A. The discovery of grounded theory: Strategies for qualitative research [M]. Chicago: Aldine, 1967.

[45] Goldbach, M., Seuring, S., and Back, S., Co-ordinating sustainable cotton chains for the mass market [J]. Greener Management International, 2003, 43(9):65-78.

[46] Goodland, R. The concept of environmental sustainability [J]. Annual Review of Ecology and Systematics, 1995, 26(11): 1-24.

[47] Graneheim, U. H., Lundman, B. Qualitative content analysis in nursing research: concepts, procedures and measures to achieve trustworthiness [J]. Nurse Education Today, 2004, 24(2): 105-112.

[48] Gray, W. B., Shadbegian, R. J. Plant vintage, technology, and environmental regulation [J]. Journal of Environmental Economics & Management, 2001, 46(3): 384-402.

[49] Haapanen, L., Tapio, P. Economic growth as phenomenon, institution andideology: a qualitative content analysis of the 21st century growth critique [J]. Journal of Cleaner Production, 2016, 112 (4): 3492-3503.

[50] Hambrick, D. C., Mason, P. A., Upper Echelons: The organization as a reflection of its top managers [J]. Academy of Management Review, 1984, 9(2):193-206.

[51] Hart, S. Beyond greening: strategies for a sustainable world [J]. Harvard Business Review, 1997, 75(1): 66-76.

[52] Hart, S. L. Milstein, M. B. Creating sustainable value [J]. Academy of Management Executive, 2003, 17 (2): 56-69.

[53] Hayes, A. F., Krippendorff, K. Answering the call for a standard reliability measure for coding data [J]. Communication Methods and

Measures，2007，1(1)：77-89.

[54] Helland，E. The enforcement of pollution control laws：inspections，violations，and self-reporting [J]. Review of Economics and Statistics，1998，80(1)：141-153.

[55] Hicks，C.，Dietmar，R. Improving cleaner production through the application of environmental management tools in China [J]. Journal of Cleaner Production，2007，15(5)：395-408.

[56] Hinkin，T. T. A review of scale development practices in the study of organizations [J]. Journal of Management，1995，21(5)：967-988.

[57] Hoelter，J. W. The analysis of covariance structures：Goodness-of-fit indices [J]. Sociological Method and Research，1983，11(3)：325-344.

[58] Hojnik，J.，Ruzzier，M. The driving forces of process eco-innovation and its impact on performance：Insights from Slovenia [J]. Journal of Cleaner Production，2016，133(10)：812-825.

[59] Holsti，O. Content analysis for the social sciences and humanities [M]. Don Mills：Addison-Wesley Publishing Company，1969.

[60] Horbach，J. Determinants of environmental innovation-New evidence from German panel data sources [J]. Research Policy，2008，37(1)：163-173.

[61] Horbach，J.，Rammer，C.，Rennings，K. Determinants of eco-innovations by type of environmental impact-The role of regulatory push/pull，technology push and market pull [J]. Ecological Economics，2012，78(6)：112-122.

[62] Jaffe，A.，Newell，R.，Stavins，R. Innovation Policy and the Economy [M]. Cambridge：MIT Press，2004.

[63] Johnstone，N.，Haščič，I.，Poirier，J.，Hemar，M.，Michel，C. Environmental policy stringency and technological innovation：evidence from survey data and patent counts [J]. Applied Economics，2012，44 (17)：2157-2170.

[64] Jordan, A., Wurzel, R. K. W., Zito, A. R. Comparative conclusion-"new" environmental policy instruments: an evolution or a revolution in environmental policy? [J]. Environmental Politics, 2003, 12(1): 201-224.

[65] Judge, W. Q., Douglas, T. J. Performance implications of incorporating natural environmental issues into the strategic planning process: An empirical assessment [J]. Journal of Management Studies, 1998, 35 (2): 241-262.

[66] Kammerer, D. The effects of customer benefit and regulation on environ-mental product innovation. empirical evidence from appliance manufacturers in Germany [J]. Ecological Economics, 2009, 68 (8-9): 2285-2295.

[67] Kassarjian, H. H. Content analysis in consumer research [J]. Journal of Consumer Research, 1997, 4(1): 8-18.

[68] Kemp, R., Foxon, T. Typology of eco-innovations [R]. Maastricht: EU FP6 funded project 044513: 24. 2007.

[69] Kemp, R., Pearson, P. Final Report MEI Project about measuring eco-inno vation [R]. Maastricht: EU FP6 funded project 044513. 2007.

[70] Kemp, R., Pontoglio, S. The innovation effects of environmental policy instruments-A typical case of the blind men and the elephant? [J] Ecological Economics, 2011, 72(12): 28-36.

[71] Kivimaa, P. The determinants of environmental innovation: the impacts of envi-ronmental policies on the Nordic pulp, paper and packaging industries [J]. European Environment, 2007, 17(2): 92-105.

[72] Klassen, R. D., Whybark, D. C. The impact of environmental technologies on manufacturing performance [J]. Academy of Management Journal, 1999, 42(6): 599-615.

[73] Klassen, R., McLaughlin, C. The Impact of environmental management on firm performance [J]. Management Science, 1996, 42

(8): 1199-1214.

[74] Klewitz, J., Zeyen, A., Hansen, E. Intermediaries driving eco-innovation in SMEs. A qualitative investigation [J]. European Journal of International Management, 2012, 15(4): 442-467.

[75] Koch, K., Domina, T. Consumer textile recycling as a means of solid waste reduction [J]. Family and Consumer Sciences Research Journal, 1999, 28(1): 3-17.

[76] Kostova, T., Roth, K. Adoption of an organizational practice by the subsidiaries of the MNC: institutional and relational effects [J]. Academy of Management Journal, 2002, 45(2): 215-233.

[77] Kumar, M., Aravindhan, R., Sreeram, K., Rao, J., Nair, B. Green chemistry approach in leather processing: a case of chrome tanning [J]. Journal of the American Leather Chemists Association, 2011, 106(4): 113-120.

[78] Kumar, S., Managi, S. Sulfur dioxide allowances: Trading and technological progress [J]. Ecological Economics, 2010, 69(3): 623-631.

[79] Kurapatskie, B. C. Financial Performance, Prouction costs, Transaction costs, capabilities and the adoption of environmental sustainability practices [D]. PhD thesis, Fairfax: George Mason University, 2012.

[80] Lee, K.-H., Min, B. Green R&D for eco-innovation and its impact on carbon emissions and firm performance [J]. Journal of Cleaner Production, 2015, 108(12): 534-542.

[81] Levidow, L., Lindgaard-Jindgaard-Jørgensen, P., Nilsson Å., Skenhall S.A., Assimacopoulos D. Process eco-innovation: assessing meso-level eco-efficiency in industrial water-service systems [J]. Journal of Cleaner Production. 2016, 110(1): 54-65.

[82] Libecap, G. D. Economic variables and law development: a case of western mineral property [J]. The Journal of Economic History, 1978,

12(4): 16-49.

[83] Little, A. D. The innovation high ground: winning tomorrow's customers using sustainability-driven innovation [J]. Strategic Direction, 2006, 22 (1): 35-37.

[84] Lober, D. J. Municipal Solid Waste Policy and Public Participation in Household Source Reduction [J]. Waste Management & Research, 1996, 14: 125-143.

[85] Marin, G. Do eco-innovations harm productivity growth through crowding out? Results of an extended CDM model for Italy [J]. Research Policy, 2012, 43 (2): 301-317.

[86] McDonough, W., Braungart, M. Cradle to Cradle: Remaking the Way We Make Things [M]. New York: North Point Press, 2002.

[87] Meyer, J. W., Rowan, B. Institutionalized organizations: Formal structure as myth and ceremony [J]. American journal of sociology, 1977, 83(2): 340-363.

[88] Mo, H., Wen, Z., Chen, J. China's recyclable resources recycling system and policy: A case study in Suzhou [J]. Resources Conservation and Recycling, 2009, 53(7): 409-419.

[89] Mont, O., Dalhammar, C. Sustainable consumption: at the cross-road of environmental and consumer policies [J]. International Journal of Environment and Sustainable Development, 2005, 8(4): 258-279.

[90] Montevecchi, F. Policy mixes to achieve absolute decoupling: a case study of municipal waste management [J]. Sustainability, 2016, 8(5): 442-463.

[91] Moore, G. C., Benbasat, I. Development of an instrument to measure the perceptions of adopting an information technology innovation [J]. Information Systems Research, 1991, 2(3): 173-239.

[92] Murillo-Luna, J. L., Garcés-Ayerbe, C., Garcés-Ayerbe, P. Why do patterns of environmental response differ? A stakeholders' pressure

approach [J].Strategic Management Journal，2008，29(11)：1225-1240.

[93] Murphy, J., Gouldson, A. Environmental policy and industrial innovation：integrating environment and economy through ecological modernisation [J]. Geoforum，2000，31(1)：33-44.

[94] Myfiam, B. L., Grard, D., Gilles, T. Structural effects of diacidie and glycolicmoieties on physicochemical properties of aromatic polyesterdiols from glycolysis/esterification of poly(ethylene terephthalate) wastes [J]. Polymer，2002，43(1)：21-28.

[95] Nair, S. R., Ndubisi, N. O. Stakeholder influences on environmental marketing [J]. Journal of Management Research，2011，11(2)：67-76.

[96] Nidumolu, R., Prahalad, C. K., Rangaswami, M. R. Why sustainability is now the key driver of innovation [EB/OL]. (2009-09-16) [2021-6-23]. https://hbr. org/2009/09/why-sustainability-is-now-the-key-driver-of-innovation.

[97] Nunnally, J. C., Bernstein, I. H. Psychometric theory [M]. New York，McGraw-Hill，1994.

[98] OECD (The Organization for Economic Co-Operation and Development). Reforming Environmental Regulation in OECD Countries [R]. Paris：OECD Publishing，1997.

[99] OECD (The Organization for Economic Co-Operation and Development). Oslo Manual：Guidelines for Collecting and Interpreting Innovation Data, third ed [R]. OECD, Paris，2005.

[100] OECD (The Organization for Economic Co-Operation and Development). Sustainable manufacturing and eco-innovation：towards a green economy [EB/OL]. (2009-06-16) [2021-6-23]. https://apo. org. au/node/14817.

[101] Oltra, V., Saint Jean, M. The dynamics of environmental innovations：three stylised trajectories of clean technology [J]. Economics of Innovation and New Technology，2005，14(3)：189-212.

[102] Pacheco, D. A. J., Caten, C. S., Jung, C. F., Ribeiro, J. L. D., Navas, H. V. G., Cruz-Machado, V. A. Eco-innovation determinants in manufacturing SMEs: Systematic review and research directions [J]. Journal of Cleaner Production, 2017, 142(1): 2277-2287.

[103] Peng, H., Liu, Y. A comprehensive analysis of cleaner production policies in China [J]. Journal of Cleaner Production, 2016, 135(11): 1138-1149.

[104] Peng, M. W., Sun, S. I., Pinkham, C., Chen, H. The institution-based view as a third leg for a strategy tripod [J]. Academy of Management Perspectives, 2009, 23(3): 63-81.

[105] Pereira, Á., Vence, X. Environmental policy instruments and eco-innovation: an overview of recent studies [J]. Innovar, 2015, 25(58): 65-80.

[106] Persson, Å. Characterizing the policy instrument mixes for municipal waste in Sweden and England [J]. European Environment, 2006, 16(4): 213-231.

[107] Phong, M. More than words [J]. The Journal of the American Taxation Association, 2008, 19(3): 100-113.

[108] Podsakoff, P. M. How to "break down" a theoretical construct and its measures [R]. Bloomington: Indiana University, 2003.

[109] Popp, D. Lessons from patents: using patents to measure technological change in environmental models [J]. Ecological Economics, 2005, 54(2-3): 209-226.

[110] Popp, D., Newell, R. G., Jaffe, A. B. Energy, the environment and technological change [R]. Cambridge: Handbook of the Economics of Innovation Volume 2, Elsevier B.V., 2011.

[111] Porter, M. E. C., Van der Linde. Toward a new conception of the environment-competitiveness relationship [J]. The journal of economic perspectives, 1995a, 9(4): 97-118.

[112] Porter, M. E. C., Van der Linde. Green and competitive: ending the stalemate [J]. Harvard business review, 1995b, 73(5): 120-134.

[113] Qi, G. Y., Shen, L. Y., Zeng, S. X., Jorge, O. J. The drivers for contractors' green innovation: an industry perspective [J]. Journal of Cleaner Production, 2010, 18(14): 1358-1365.

[114] Rave, T., Goetzke, F., Larch, M. The determinants of environmental innovations and patenting: Germany reconsidered [R]. Munich: Ifo Working Paper, 2011.

[115] Reddy, N., Yang, Y. Biofibers from agricultural byproducts for industrial applications [J]. Trends in Biotechnology, 2005, 23(1): 22-27.

[116] Rehfeld, K., Rennings, K., Ziegler, A. Integrated product policy and environmental product innovations: an empirical analysis [J]. Ecological Economics, 2007, 61 (1): 91-100.

[117] Reijnders, L. Policies influencing cleaner production: the role of prices and regulation [J]. Journal of Cleaner Production, 2003, 11(3): 333-338.

[118] Rennings, K. Redefining innovation e eco-innovation research and the contribution from ecological economics [J]. Ecological Economics, 2000, 32 (2): 319-332.

[119] Rennings, K., Zwick, T. Employment impacts of cleaner production [R]. Heidelberg: ZEW Economic Studies, Bd. 21, 2003.

[120] Requate, T. Dynamic incentives by environmental policy instruments-a survey [J]. Ecological Economics, 2005, 54(2-3):175-195.

[121] Resta, B., Ciarapica, F. E. Practices for environmental sustainability in the textile, clothing and leather sectors: the italian case [J]. International Journal of Operations and Quantitative Management. 2014, 20(3): 193-225.

[122] Rogge, K. S., Reichardt, K. Policy mixes for sustainability

transitions: An extended concept and framework for analysis [J]. Research Policy, 2016, 45(8): 1620-1635.

[123] Rourke, L., Anderson, T., Garrison, D. R., Archer, W. Methodological issues in the content analysis of computer conference transcripts [J]. International Journal of Artificial Intelligence in Education, 2001 (12): 8-22.

[124] Rusinko, C. Green manufacturing: An evaluation of environmentally sustainable manufacturing practices and their impact on competitive outcomes [J]. IEEE Transaction on Engineering Management, 2007, 54(3): 445-454.

[125] Sandin, G., Peters, G. M. Environmental impact of textile reuse and recycling-A review [J]. Journal of Cleaner Production, 2018, 184(5): 353-365.

[126] Santolaria, M., Oliver-Sola, J., Gasol, C. M., Morales-Pinzon, T., Rieradevall, J. Eco-design in innovation driven companies: perception, predictions and the main drivers of integration: The Spanish example [J]. Journal of Cleaner Production, 2011, 19(12): 1315-1323.

[127] Saravanabhavan, S., Thanikaivelan, P., Rao, J. R., Nair, B. U., Ramasami, T. Sodium metasilicate based fiber opening for greener leather processing [J]. Environmental Science & Technology, 2008, 42(5): 1731-1739.

[128] Sarkis, J., Gonzalez-Torre, P., Adenso-Diaz, B. Stakeholder pressure and the adoption of environmental practices: the mediating effect of training [J]. Journal of Operations Management, 2010, 28(2): 163-176.

[129] Schumpeter, J. A. Die Theorie der Wirschaftlichen Entwicklung [M]. Michigan: University of Michigan Library, 1911.

[130] Shen, L., Worrell, E., Patel, M. K. Environmental impact assessment of man-made cellulose fibers [J]. Resources, Conservation and

Recycling，2010，55(2)：260-274.

[131] Sivaramakrishnan，C. N. Insights into specialty chemicals：A look at the various chemicals and auxiliaries used in textile wet processing [J]. Colourage，2007，54(2)：60-62.

[132] Söderman，M. L.，Eriksson，O.，Björklund，A.，Östblom，G.，Ekvall，T.，Finnveden，G.，Arushanyan，Y.，Sundqvist，J.-O. Integrated economic and environmental assessment of waste policy instruments [J]. Sustainability，2016，8(5)：411-430.

[133] Sterner，T. Policy Instruments for environmental and natural resource management [R]. Washington D. C.：World Bank，2002.

[134] Straub，D，Gefen，D. Validation guidelines for is positivist research [J]. Communications of the Association for Information Systems，2004，13(1)：380-427.

[135] Strauss，A.，Corbin，J. M. Grounded theory in practice [M]. London：Sage，1997.

[136] Styles，D.，Schoenberger，H.，Galvez-Martos，J. L. Environmental improvement of product supply chains：A review of European retailers' performance [J]. Resources，Conservation and Recycling，2012，65 (8)：57-78.

[137] Sueyoshi，T.，Wang，D. Radial and non-radial approaches for environmental assessment by Data Envelopment Analysis：corporate sustainability and effective investment for technology innovation [J]. Energy Economics，2014，45(9)：537-551.

[138] Taylor，C.，Pollard，S.，Rocks，S.，Angus，A. Selecting policy instruments for better environmental regulation：a critique and future research agenda [J]. Environmental Science & Policy，2012，22(4)：268-292.

[139] Thierry，M.，Salomon，M.，van Nunen JAEE，Van Wassenhove，L.，N. Strategic issues in product recovery management [J]. California

Management Review, 1995, 37 (2): 114-135.

[140] Tojo, N., Kogg, B., Kiørboe,N., Kjær, B., Aalto, K. Prevention of textile waste: material flows of textiles in three nordic countries and suggestions on policy instruments [EB/OL]. (2012-06-10) [2021-6-23]. https://www. oneplanetnetwork. org/sites/default/files/prevention_of_textile_waste_-_full_report.pdf

[141] Umpfenbach, K. How will we know if absolute decoupling has been achieved and will it be enough? common approach for DYNAMIX [R]. Berlin: Ecologic Institute. 2015.

[142] Veitch, D., Davis, B. Practical application of 3d data for apparel industry use [R]. Beijing: 17th World Congress on Ergonomics: International Ergonomics Association, 2009.

[143] Wagner, M. On the relationship between environmental management, environmental innovation and patenting: Evidence from German manufacturing firms [J]. Research Policy, 2007, 36(10): 1587-1602.

[144] Wang, X., Geng Y. Municipal solid waste management in Dalian: Practices and challenges [J]. Frontiers of Environmental Science and Engineering in China, 2012, 6(4):540-548.

[145] Watson, D., Kiørboe, N., Palm, D., Tekie, H., Ekvall, T., Lindhqvist, T., Tojo, N., Salmenperä, H., Hanssen, O.J., Rubach, S., Lyng, K.-A., Gíslason, S., 2015. EPR-systems and new business models: Part II: Policy packages to increase reuse and recycling of textiles in the Nordic region (Temanord; Vol. 2015: 514). Nordic Council of Ministers [EB/OL]. (2015-01-15) [2021-6-23]. https:// portal. research. lu. se/portal/en/publications/eprsystems-and-new-business-models-part-ii-policy-packages-to-increase-reuse-and-recycling-of-textiles-in-the-nordic-region(8f96518a-3e5b-444b-b1fd-5376b9a2635f)/export.html#export

[146] Weeks, W. A., Moore, C. W., McKinney, J. A. The effects of gender

and career stage on ethical judgment [J]. Journal of Business Ethics, 1999, 20(4): 301-313.

[147] Wickens, C. M., Wiesenthal, D. L., Hall, A., Roseborough, J. E. W. Driver anger on the information superhighway: a content analysis of online complaints of offensive driver behavior [J]. Accident Analysis & Prevention, 2013, 51(3): 84-92.

[148] Willard, B. The new sustainability advantage: Seven business case benefits of a triple bottom line [M]. Gabriola Island: New Society Publishers, 2012.

[149] Wong, Y. W. H., Yuen, C. W. M., Leung, M. Y. S., Ku, S. K. A., Lam, H. L. I. Selected applications of nanotechnology in textiles [J]. AUTEX Research Journal, 2006, 6(1): 1-8.

[150] Xu, C.-K., Cheng, H., Liao, Z. Towards sustainable growth in the textile industry: A case study of environmental policy in China [J]. Polish Journal of Environmental Studies, 2018, 27 (5): 2325-2336.

[151] Yang, Y., Holgaard, J. E., Remmen, A. What can triple helix frameworks offer to the analysis of eco-innovation dynamics? Theoretical and methodological considerations [J]. Science and Public Policy, 2012, 39(3): 373-385.

[152] Zhang, K.-M., Wen, Z.-G., Peng, L.-Y. Environmental policies in China: Evolvement, features and evaluation [J]. China Population Resources and Environment, 2007, 17(2): 1-7.

[153] 毕恒达,刘长萱,瞿海源,杨国枢,等.社会及行为科学研究法(质性研究法)[M].北京:社会科学文献出版社,2013.

[154] 陈劲.国家绿色技术创新系统的构建与分析[J].科学学研究,1999,17(3):37-41.

[155] 陈力华,魏凤.扎根理论下涉农企业生态创新行为研究——来自陕西杨凌区10家企业的数据[J].科技进步与对策,2017,34(24):102-107.

[156] 陈正昌,程炳林,陈新丰,等.多变量分析方法:统计软件应用[M].北京:

中国税务出版社,2005.

[157] 戴鸿轶,柳卸林. 对环境创新研究的一些评论[J]. 科学学研究,2009,27(11)：1601-1610.

[158] 邓集文.信息型政策工具:中国城市环境治理的重要手段[J].中南林业科技大学学报(社会科学版),2013,7(6)：79-82.

[159] 董颖. 企业生态创新的机理研究[D]. 杭州:浙江大学,2011.

[160] 费小东. 扎根理论研究方法论：要素、研究程序和评判标准[J].公共行政评论,2008,1(3):23-43.

[161] 工业和信息化部,2013a. 工业和信息化部关于印发《产业关键共性技术发展指南（2013 年）》的通知[EB/OL].（2013-09-16)[2021-6-23].https://wap.miit.gov.cn/jgsj/kjs/gzdt/art/2020/art_28ecd64abdca4773bc9ee66843148d1f.html.

[162] 工业和信息化部,2013b. 工业和信息化部办公厅关于征集再生资源综合利用先进适用技术的通知[EB/OL].（2013-01-05)[2021-6-23].https://wap.miit.gov.cn/jgsj/jns/zhlyh/art/2020/art_dffe11d888744b2c880c92860ba7c13c.html.

[163] 工业和信息化部,2015a. 工业和信息化部关于印发《产业关键共性技术发展指南（2015 年）》的通知[EB/OL].（2015-11-17)[2021-6-23].https://wap.miit.gov.cn/jgsj/kjs/gzdt/art/2020/art_765be108deee49c6b0b45451db7e05bc.html.

[164] 工业和信息化部,2015b.工业和信息化部关于公布国家资源再生利用重大示范工程的通知[EB/OL].（2016-01-07)[2021-6-23]. https://wap.miit.gov.cn/jgsj/jns/wjfb/art/2020/art_43bddd3370144f778e49239ca944a8af.html.

[165] 国家发展改革委,2014a. 关于印发中国—新加坡天津生态城建设国家绿色发展示范区实施方案的通知[EB/OL].（2014-10-22)[2021-6-23].http://www.law-lib.com/law/law_view1.asp? id＝473406.

[166] 国家发展改革委,2014b.关于印发资源综合利用"双百工程"示范基地和骨干企业名单（第二批）及有关事项的通知[EB/OL].（2014-10-09)

〔2021-6-23〕. http://fgw. hunan. gov. cn/xxgk _ 70899/tzgg/201410/ t20141016_2063827.html.

[167] 国家发展改革委,2014c. 国家发展改革委办公厅关于组织开展第二批 资源综合利用"双百工程"建设的通知〔EB/OL〕. (2014-02-26)〔2021-6- 23〕. https://www.66law.cn/tiaoli/48900.aspx.

[168] 国家环境保护局(1998 年 6 月更名为国家环境保护总局),1994. 关于严 格控制从欧共体进口废物的暂行规定〔EB/OL〕. (1994-07-21)〔2021-6- 23〕. https://baike.sogou.com/h6398519.htm.

[169] 国家环境保护局(1998 年 6 月更名为国家环境保护总局),1998. 关于严 格控制从欧共体进口废物的暂行规定〔EB/OL〕. (1998-01-01)〔2021-6- 23〕. http://www.lawtime.cn/info/hjf/zyfg/2010120320887.html.

[170] 国家环境保护总局,2004. 关于进一步开展"绿色社区"创建活动的通知 〔EB/OL〕. (2007-07-14)〔2021-6-23〕. http://www.mee.gov.cn/gkml/ zj/wj/200910/t20091022_172293.htm.

[171] 国家科学技术委员会,1991. "八五"星火计划发展纲要(1991-1995) 〔EB/OL〕. (1991-05-06)〔2021-6-23〕. http://www.pkulaw.cn/fulltext_ form.aspx? Gid=9739.

[172] 国家质量监督检验检疫总局,2006. 絮用纤维制品质量监督管理办法 〔J〕. 中国质量技术监督,2006 (9):16-17.

[173] 国务院,2017. 国务院办公厅关于印发禁止洋垃圾入境推进固体废物进 口管理制度改革实施方案的通知〔EB/OL〕. (2017-07-18)〔2021-6-23〕. http://www. gov. cn/zhengce/content/2017-07/27/content _ 5213738. htm.

[174] 胡元林,李雪.自愿型环境规制影响企业绩效的路径研究[J]. 生态经济, 2018,34(4):100-103.

[175] 胡元林,杨爽.环境规制、资源管理对企业绩效影响的实证研究[J]. 生态 经济,2018,34(3):63-67.

[176] 黄蝶君,赖作卿,李桦.政府规制、生态创新与农业企业生态及经济绩效 [J].软科学,2016(9):28-36.

[177] 黄晓杏,胡振鹏,傅春,余达锦.绿色创新战略对企业绩效的影响机理——基于绿色动态能力的中介效应[J].科技进步与对策,2015,32(17):104-109.

[178] 李政,罗晖,李正风,封凯栋.基于质性数据分析的中美创新政策比较研究——以"中国双创"与"创业美国"为例[J].中国软科学,2018(04):18-30.

[179] 廖中举.企业生态创新的维度构成与量表开发研究[J].中国环境管理,2018(1):56-59.

[180] 林本炫.扎根理论研究法评介[D].嘉义:南华大学教育社会学研究所,2003.

[181] 马富萍,郭晓川,茶娜.环境规制对技术创新绩效影响的研究——基于资源型企业的实证检验[J].科学学与科学技术管理,2011,32(8):87-92.

[182] 聂洪光.生态创新理论研究现状与前景展望[J].哈尔滨工业大学学报(社会科学版),2012,14(3):126-132.

[183] 王洪波,刘艳,肖凤军.CEO调节焦点,绿色创新与企业绩效研究[J].科技进步与对策,2017,34(7):82-87.

[184] 王建明,陈红喜,袁瑜.企业绿色创新活动的中介效应实证[J].中国人口·资源与环境,2010,20(6):111-117.

[185] 王进富,杨双双,王亚丹.扎根理论视域下科技园区生态化创新发展路径研究[J].科技进步与对策,2016,33(18):77-85.

[186] 吴明隆.结构方程模型[M].重庆:重庆大学出版社,2009.

[187] 习勇生."双一流"建设中地方政府的注意力配置——基于30项省域政策文本的NVivo软件分析[J].教育发展研究,2017,37(21):31-38.

[188] 徐建中,贯君,林艳.制度压力、高管环保意识与企业绿色创新实践——基于新制度主义理论和高阶理论视角[J].管理评论,2017,29(9):72-83.

[189] 徐宗国.扎根理论研究法:渊源、原则、技术与涵义[M].台北:巨流出版社,1996.

[190] 许庆瑞,王伟强.中国企业环境技术创新研究[J].中国软科学,1995(5):16-20.

[191] 许阳，王琪，孔德意. 我国海洋环境保护政策的历史演进与结构特征——基于政策文本的量化分析[J]. 上海行政学院学报，2016(4):81-91.

[192] 杨德锋,杨建华,楼润平,姚卿. 利益相关者、管理认知对企业环境保护战略选择的影响——基于我国上市公司的实证研究[J]. 管理评论,2012(3):140-149.

[193] 杨发明,许庆瑞. 企业绿色技术创新研究[J]. 中国软科学,1998(3):47-51.

[194] 杨静,施建军,刘秋华. 学习理论视角下的企业生态创新与绩效关系研究[J]. 管理学报,2015,12(6):865-872.

[195] 杨林. 企业家认知、组织知识结构与企业战略变革关系的作用机制分析[J]. 科学学与科学技术管理,2010,31(12):132-138.

[196] 杨燕,邵云飞. 生态创新研究进展及展望[J]. 科学学与科学技术管理,2011,32(8):107-116.

[197] 叶红雨,王圣浩. 环境规制对企业财务绩效影响的实证研究——基于绿色创新的中介效应[J]. 资源与环境,2017,33(11):1328-1333.

[198] 张国庆. 现代公共政策导论[M]. 北京：北京大学出版社,1997.

索　引

后　记

拙稿付梓之际，回顾往事，不禁感慨万千，难以言表。

本书是在博士论文基础上的修炼之作。从论文撰写到书稿定稿，离不开师长、同事、同学、相关部门以及出版社的帮助，还有家人的关怀和支持。

从选题、结构安排、撰写直至定稿，我的导师程华教授都给予了悉心指导，并在学习、科研和生活上给予无微不至的关怀。在此谨向导师致以衷心的感谢！同时感谢对博士论文提出宝贵意见以及参与论文答辩与审阅的专家们，感谢他们在我读博期间给予的指导和帮助。真诚感谢博士课程老师们的倾囊相授，帮助我开阔研究视野，完善论文写作。

感谢浙江理工大学对本书出版的鼓励和支持，感谢相关部门领导、院系领导多年来的支持与帮助，感谢同事们的理解与扶持。尤其感谢廖中举教授，在博士论文撰写及研究成果发表过程中提出的宝贵建议，使我受益匪浅。还要感谢我的各位同门学友，我们一起相互切磋，收获良多。学术交流使我们不断进步，感谢你们的支持与鼓励。

在论文数据收集过程中，浙江理工大学科研院老师、纺织科学与工程学院的多位老师均倾力相助，他们不辞辛苦帮我与纺织企业搭桥联系，使我的论文调研得以顺利进行，在此向他们表示衷心的感谢。特别感谢杭州市经信委轻工处、杭州市纺织协会对论文调研的大力协助，以及诸多参与调研的纺织企业对本研究的帮助和支持。

感谢学位论文和期刊论文的每一位审稿专家，他们严谨的科研态度，让我感悟多多、受益多多。感谢 Kristina Turner 在英文论文发表过程中提出的宝贵意见。感谢好友 Peter Brennan 多年来的鼓励和支持。上海交通大学出版社为本书出版精心运作，在此衷心致谢。

　　我还要特别感谢我的家人，衷心感谢我的丈夫胡豪，他不断鼓励我克服困难，给予我始终如一的理解和支持。感谢我挚爱的父亲母亲这些年对我无微不至的关怀和竭尽全力的帮助。父母是我最坚实的后盾，他们的支持是我前进的动力。父亲坚毅的品格和严谨的治学精神，一直激励着我迎难而上，踏踏实实做研究；母亲无微不至的关怀，使我保持着良好的身体素质和心理状态。我只能以点滴的成熟与进步，作为微薄回报。

　　由于才学所限，本书还存在一定的疏漏与遗憾。带着师友和家人们的关心与期望，我会在今后的工作和研究中，继续努力前行。

许辰可

2021 年 6 月